BE
WHAT YOU WANT TO BE

JUSTO LAMAS

CASA CREACIÓN
A Strang Company

Most Casa Creación products in Spanish are available at special quantity discounts for bulk purchase for sales promotions, premiums, fund-raising, and educational needs. For details, write Casa Creación, 600 Rinehart Road, Lake Mary, Florida, 32746, or telephone (407) 333-0600.

Be What You Want to Be by Justo Lamas
Published by Casa Creación
A Strang Company
600 Rinehart Road
Lake Mary, Florida 32746
www.casacreacion.com

This book or parts thereof may not be reproduced in any form, stored in a retrieval system, or transmitted in any form by any means—electronic, mechanical, photocopy, recording, or otherwise—without prior written permission of the publisher, except as provided by United States of America copyright law.

Copyright © 2009 by Justo P. López
All rights reserved

Translation from Spanish: Brad Krupsaw
Design Director: Bill Johnson
Book design by Iván Tempra (www.Arte-luz.com.ar)
Cover Photo: Claudio Divella-Capasso

Library of Congress Cataloging-in-Publication Data: 2009922494
International Standard Book Number: 978-1-59979-561-4

First Edition

09 10 11 12 13 — 987654321
Printed in the United States of America

BE
WHAT YOU WANT TO BE

TABLE OF CONTENTS

Acknowledgments	7
Prologue	9
Never stop dreaming	11
Embrace your dreams	23
Faith in action	29
A look of hope	37
Program your mind for change	45
An obstacle does not hinder success	51
Fight for what you love	59
Making decisions, the key to success	63
My life, a blank check	69
Fly high with your imagination anchored in your dreams	75
Discover your purpose	79
The song of your life	85
About the author	89

acknowledgments

⭐ First of all, I would like to express my gratitude to God for having given me this wonderful gift, the gift of song. Today, I am a true witness to the fact that his promises are indeed fulfilled. He grants the heart's yearnings and desires to those who love him.

⭐ To my wife, Evangelina. Her love, tenderness, wisdom and unconditional support have been a companion to me during all these years of my singing career. And she has also given me two beautiful treasures, Camila and Emanuel: my children. Each day they stir a smile in my soul and in my heart.

⭐ To my mother, for her teachings and her tireless struggle for happiness. My heart honors every second that I lived by her side.

⭐ To my father. He always knew how to provide me refuge with all his love and advice at very special moments of my life. His embraces made me feel safe and provided emotional support to my entire being.

⭐ To my family. The love of my brother, Juan, and of my sisters, Abril and Jazmín, has been infinite to me. I also give thanks to Adriana, my father's wife. It is impossible to name all of them; I would just like to thank them for the affection that they have given me.

⭐ To Damián, for accompanying me on this new challenge of writing my first book.

⭐ To Gisela, for her advice and all the professionalism devoted to this project.

⭐ To my beloved Spanish teachers, for letting me enter their classes day after day through my songs. Each one of these persons allowed me to discover and learn what it means to feel passion for other cultures.

⭐ To the students and youth of the world. Certainly, they are the engine that keeps me driving forever forward, offering them a message of hope and just the right amount of encouragement so that they may truly fulfill the purpose for which they were created: to be the leaders of the future.

⭐ And finally, I would also like to thank you for your applause, your unconditional warmth, your love and respect.

Let these pages serve as an authentic inspiration and motivation so that you may believe that there is always a solution to any situation you may find yourself in, no matter how difficult it may seem.

Be true to what your heart desires,
because both you and I are

WHAT WE WANT TO BE...

prologue

My tough childhood was marked by my mother's illness and an embarrassing stutter that highlighted my innate shyness. After my parents' separation and the physical loss of my mother, what followed was an endless number of situations that could well have been a setback to just about anybody.

But it is these very things in life, with the complexity of the human being as it is, that allow one to be nourished by the good and the bad experiences with the simple aim of growing. And I have chosen to open my heart to show you that any problem, as terrible and painful as it may be, has a solution.

If there is one thing of which I am sure, it is that we do not have to cling to the past because, as the word itself says, those situations are past. They all happened in a lapse of time that does not belong to our present. We can no longer do anything about it. What really matters is today, because our future depends upon our present.

This book is based upon my own personal history. Here you will find the most intimate details of my life and of my family. And it is my desire that you share it with others who are also going through moments of anguish or confusion about their future, their vocations or their dreams.

More than an autobiography, this is a book that each day will motivate and drive you to face life with the best and most useful tools to be victorious in every situation and to fight for your dreams. This is why you will find the section "From My Heart to Yours" in each chapter. Accept the lessons that I offer you. Underline and reflect upon those things that you really need and put them into practice.

These pages are packed with the experiences that filled my life with a sense of transcendence. You will probably see yourself reflected in each anecdote or shared experience. And that is what it's all about. But the really important thing is that after each event I have been able to come out on top and enjoy the taste of victory. This isn't because I'm some kind of superman; it's because you have only one life, and you have to make the most of that life knowing that, even in the face of adversity, there are always reasons to press onward.

We all have a story to tell, and you surely have yours. That's why I want to invite you to share your own story in the form of a song or verse in the chapter "The Song of Your Life." The selected story will be chosen among many others for publication on our Web site.

I hope that this book serves as an inspiration and a guide for your life and that of others. Remember: Nothing is impossible. Absolutely nothing. "There are no dead-end roads," as one of my songs says. And if you can believe this truth, then everything will be possible for you. This is not a magic phrase. It's a question of how you look at life and how you face it every day. The secret is in not depending upon other people but rather in taking the hand of those who wish to see us well, always remembering that you can **be what you want to be**.

Justo Lamas

NEVER STOP DREAMING

The beginning of a dream...

BE
WHAT YOU WANT TO BE

NEVER STOP DREAMING

When somebody wants to be an artist, he or she usually encounters the most surprising answers and phrases, especially those made by parents. From those who say, "Musicians are all a bunch of bums and they don't have any future. Get a real job," down to those who, being even more condescending, can be frankly discouraging: "Okay son, congratulations. But besides becoming a singer, are you also going to work?"

For my parents' generation, being a musician or singer meant only fun and games, a hobby, something to take up when you weren't working, studying or tending to the family. It would never be considered as a source of income, and even less a way of life.

I spent years pretending that a spoon was a microphone and the mirror my audience. To my surprise, however, the dream of becoming a singer was about to become reality and would therefore take the most unsuspected turn.

One fine day at the age of fourteen, I decided to sit down and talk with my father. It was one of those conversations that a father has with his son only a few times in life, but the kind that is decisive. And it was this particular conversation that was extremely important and valuable to me. We were about to bring up my dream, what I had always wanted to achieve. So I turned to my father and told him, "Dad, I need to talk with you." He answered, "Of course, little Justo." So we headed out to our car, a blue Peugeot 504. As soon as we sat down I offered to sing him a song by a very popular artist in my country named Alejandro Lerner. I sang it with all my heart. I remember that my father congratulated me. I looked at him straight in the eyes, and then I said that I wanted to be a singer. He didn't seem surprised by my words. Apparently, he understood that I had decided to forge ahead. So after the conversation covered different angles, my father finally started to realize that all his advice on finding a "real" job would be fruitless and that I was still set on singing. It was what I loved with true passion. It was my heart's desire, and I was determined not to let it slip away from me.

My father understood that this calling of mine was going far beyond anything he had imagined. Nothing would make me quit

BE WHAT YOU WANT TO BE

my goal: "No retreat, no surrender." Then he said, "I'm going to stand by you in your dream, but under the condition that you do it professionally." I don't know what the expression on my face was, but what I felt at that moment is still fresh in my heart and mind. I was swimming in a flood of emotions. The fact that my family would join in on my aspiration felt as if part of the dream had just been fulfilled at that very moment.

FROM MY HEART TO YOURS

When you are fighting for your dreams, it is important that you seek an ally; your father, your friend, someone who believes in you and who will encourage you when you need it.

Many people lose their way because they can't stand to fight; that's why when you find yourself in this type of situation, your ally will offer all his or her support so that you can continue the battle. But you must also understand that to achieve your dreams you have to fight to the very end, knowing that victory is yours. Put your faith into action; believe and go forth knowing that nothing or nobody is going to steal from you the chance to BE what you really wish to BE. You must feel that the battle is already won. This is when you must put your perseverance and your faith into practice. This is how you will reach the summit.

I had admired my father ever since I was a little boy, and even more so when I watched him sing and conduct the songs at church rituals. His opinion and guidance meant everything to me. It was very gratifying, but it also obliged me to make a serious commitment and to put extra pressure on myself: I couldn't just sit back and make things up as I went along. I had to take things with the responsibility that came along with this.

The next step was to enroll myself in an institute where they gave singing classes. And that's exactly what I did. I took my first lessons with a teacher named Alicia Susini. I studied operatic technique for forty-five minutes, two times a week. The trip to the academy was an hour and a half there and another hour and a half back. I was so enthusiastic that I didn't even care how long the trip lasted.

But the following year I decided to change my teacher because I was starting to develop an opera singer's voice. I wanted to focus on other singing styles. So that's when I started to take classes with a teacher named Jorge Cuttelo, a singer of advertising music jingles. I asked him many things about what I would have to do to become a professional singer. His help was very important. He told me that I had to record a demo with three songs and to get some good pictures taken. So that was the first challenge I had to face to be able to start knocking on the doors of different recording labels, producers and agents.

His advice and tips were completely inspiring. I found a photographer to handle my first photo session, and I recorded the demo. However, I still hadn't developed enough creativity to compose my own songs. So I decided to choose three songs that at that time were very well known in Argentina. The first was called "Toma la luna," by Eros Ramazotti; the second, "Contigo a la distancia," by Luis Miguel; and lastly, "Melodía desencadenada," the famous song from the movie Ghost. The material was ready and my best photos were chosen. The only thing left was to make twenty copies of the demo and the picture book. It was now time to step onto the path that I had chosen that springtime afternoon.

I dressed in the best clothes that I had, and for one full week I visited record producers and companies. I planted myself next to the phone, waiting for the call that would shoot me to fame. At least, that's what I thought... But it never happened.

Shortly after that, my father went on a business trip, and this eventually led me to a meeting with Hugo López, the agent for Mexican singer Luis Miguel and president of Televisa for all of Latin America. Mr. López was very interested after the conversation he had with my father. So we started to work on what would be my first album. It would be launched by Televisa's Melody record label

BE WHAT YOU WANT TO BE

and would be distributed throughout all Latin America. However, something happened, one of those things that you perhaps never really come to understand: Hugo López passed away. One week before signing the contract, an illness that he had been suffering for several years finally ended his life. It was like crossing the entire ocean by swimming, only to die just before making it to the shore. Going back to square one was inevitable.

Nonetheless, this apparent setback did not discourage me. In fact, it had just the opposite effect. It gave me the strength to continue knocking on doors.

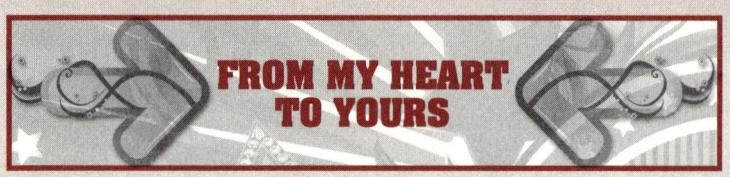

FROM MY HEART TO YOURS

When it comes to your dreams, nothing and nobody should stop you. You must stand up to adversity and face it squarely, in the proper way; this is the only way it will be useful to you, and you can use it as a trampoline to launch you to a higher level. That's what happened in my case.

Allow me to introduce you to a few true stories of people like you and me, where a stone in the path, a difficulty, a setback, a failure or a disappointment actually marked the beginning of a successful life:

If Goliath had never existed, King David would not have defeated him and would never have become what he really was.

The British novelist, poet and editor Sir Walter Scott was left lame by polio.

In 1789, the first president of the United States, George Washington, was completely immobilized by snow at Valley Forge.

Abraham Lincoln, the United States president who abolished slavery, was raised in poverty.

Benjamin Disraeli, prime minister of the United Kingdom, suffered terrible religious prejudice.

> Franklin D. Roosevelt, thirty-second president of the United States, suffered infantile paralysis.
>
> Ludwig van Beethoven, German composer of classical music, lost his hearing.
>
> Glenn Cunningham, multiple world record distance runner, suffered terrible burns on his legs in a fire at school. Physicians diagnosed that he would never again be able to walk.
>
> Enrico Caruso, Italian tenor, was born to a poor family and was the first of eighteen children to survive.
>
> Itzhak Perlman, violin virtuoso, has suffered paralysis from the waist down since he was four years old.
>
> Of course, a difficulty can paralyze you, turning your very existence into a constant defeat; or it can become the very engine that drives you to reach the purpose for which you were created. It's up to you to make the right decision.
>
> If you manage to make it to the end of the journey that is set before you, to keep steady in the heat of the battle and to develop yourself according to the plan specially designed for your life, then you will achieve success. If that is how you wish it to be, then it is possible…

After a long year without replies, I thought that it would be best to work at any old job while I continued to press on with my music. My father contacted a journalist friend of his, Mario Gavilán, who was then director of a news channel called Crónica TV in Argentina. I was nineteen years old at the time. My father spoke with him to see if he could get me some sort of job. I immediately arranged an interview in the newsroom for the following day, first thing in the morning.

Even today his words still ring in my memory: "I'm doing this because your old man did me a big favor when he was Vice-President Víctor Martínez's spokesman, back when I was president of Channel 7 [a publicly-owned channel belonging to the Argentine

BE WHAT YOU WANT TO BE

government]. That's why I'm going to give you a job. But if you mess up, I'll kick you right out of here." I laughed and replied, "Mr. Gavilán, don't you worry. I intend to make it right to the place where you are sitting at this very moment." Mario liked my self-confidence; and from that moment I began to work as the newsroom file clerk from 9 o'clock in the morning to 5 o'clock in the afternoon. My job consisted of filing, registering and classifying the news that they broadcasted for the channel. But when I finished my work, I would set straight out to the record companies, agents and producers.

Nine months later, I received a phone call from Sergio Kreimer, the producer of a record company to whom I had left a copy of my demo. When we met, he spoke to me about the very thing that I had always been yearning for and dreaming of for such a long time: "Justo, my record company produces artists, and BMG ARIOLA—a record label—distributes the material. I would like you to cut a record with us." And barely being able to contain my amazement and happiness, in a flood of emotion we began to work on the contract that same week. The day after I signed it, I decided to go to the channel and hand in my resignation. The owner was there, a leading figure of Argentine journalism, Mr. Héctor Ricardo García. He had always treated me kindly, which encouraged me to speak with him and let him know that I was quitting the channel because of my record company project. After listening to me very closely, he replied, "All right, but when you're famous don't forget to write me." I smiled and told him that he could count on it.

I was finally beginning to record my first record. But as for all beginners, I had to wait my turn. The established artists recorded first, while my turn would come at 10 o'clock at night. That didn't really matter much to me, because I was fully enjoying everything that I saw. My dream was becoming a reality, and it was moving forward at a dizzying pace: when the recording was completed the artistic director of BMG, Luis "Darta" Sarmiento, offered to make me exclusive artist for his BMG ARIOLA label. Together with Sergio Kreimer, they agreed to buy the product. It was impossible for me to hide my emotions, and I exploded with a scream that brought the staff from their offices to see what all the commotion was about.

My first production, entitled *Siempre por siempre*, with the first promotional track, "Magdalena," was played constantly on radio programs nationwide.

This resounding success prompted the media everywhere to seek interviews and stories. This meant a new challenge for me, since I still had my stuttering problem. That's right, you heard correctly: I was a stutterer.

I can hardly forget the meeting that I had had with my father in Miami. We had organized a date with Héctor Mazelli, the agent for José Luis "El Puma" Rodríguez. Deep inside, I had the strength and will to triumph; but I was still struggling with my speech impediment.

At barely twenty-two years old, with my black corduroy pants, light blue shirt and my shoes just like Don Johnson's from the Miami Vice TV series, I found myself in Mazelli's waiting room. We had been waiting for quite some time when he finally called us in. My father and Mazelli greeted each other politely and then we sat down to business.

But the conversation took an unexpected course, and Mazelli wound up alone with my father in his office. When we left, my father told me what had happened: my stuttering was just too obvious. However, my father said he had tried to keep the positive atmosphere going, even in light of Mazelli's comments and, as always, he praised my talent. His unconditional support throughout my entire artistic career has been of inestimable value.

Despite the fruitlessness of that interview, I stayed in Miami for three months, recording and mingling in the artistic circles of that fascinating city. There were very pleasant moments, but my heart was still filled with a loneliness and sadness that would usually surface in my hotel room. And when my father saw that time was passing and that the agent wasn't making any progress, he flew up to get me and to meet one last time with Mazelli. With uncharacteristic unkindness, my father put a stop to my work in Miami

BE WHAT YOU WANT TO BE

because the agent was in fact trying to convince me to sign a very unfavorable contract. My father stood firmly against any jeopardizing of my future and he took me back to Buenos Aires with him.

My father has always been a person of a very polite nature. He can express a thousand words with only a smile. However, his unusual attitude with that agent made me see that I had a protector on my side. My "old man" had joined me in the same dream that I had been carrying in my heart for so much time. And that in itself was a great motivating factor. I had an ally who would not quit until he saw me reach the summit of the mountain.

All of us have some degree of talent and are pretty good at a number of things; and we are certainly better at some of these things than the others. These are the skills that we carry out with the greatest pleasure. They don't make us feel tired; on the contrary, they fill us with cheer and we are capable of withstanding all kinds of pressure and setbacks that spring up in our path. This is because those skills fascinate us and fill us with passion until they become our goal. And this is why I would like to offer you some guidelines, for you to keep in mind when it comes to fulfilling your dreams.

1st Step: Discover your purpose in life.
To discover your purpose, your goal, you must spend some time with yourself and be aware of the sensations of plenitude that you feel when you do something that you really enjoy. That's what dreams are about, of taking charge of your life by going beyond your potential. It is important that you understand that you were not born by chance, that there is no chance, and that if you are here on Earth it is so that you may leave your mark, to make an impact, to do great things. And to do that, you need to find and embrace your dreams.

2nd Step: Prepare yourself and endeavor to be the best.

If you want to conquer your dreams, you must prepare yourself with excellence, giving the best that you have. On a scale from one to ten, you must aim for eleven. You were born to fulfill that purpose. It will not be impossible to achieve it. You are an unrefined diamond. You only have to give it shape and polish it so that the diamond develops in its entire splendor.

It is also important that you do not delude yourself or have a false image of yourself. For example, if you don't know how to sing, or each time you try you can't intone or hold a single note and your voice simply does not sound very harmonious to others, then as hard as you might try by preparing with the most specialized teachers, the truth is you will still only be able to improve a little bit. Perhaps you can reach an average of five, but that average will be mediocre; and your purpose is to be excellent, effective and intelligent. Your life project can never be trivial. If you are excellent at drawing, then don't devote yourself to mathematics; if you are an excellent people person, then don't close yourself up inside an office, behind a desk, to work in front of a computer. Stand squarely in your strong points. That is the essence and the key to achieving your dreams.

3rd Step: Know the rules of the game and never stop trying, even when you believe you have already achieved your goal.

It is essential to know the rules of the game in the field where you are going to develop your dreams; because once you have arrived, this is where you must know exactly what the next step will be. Become familiar with the path that you will take. Don't just spin your wheels. Be precise and get to your destination. Don't put obstacles in the way of your dreams before you take your first step. Don't argue with your thoughts and desires about accomplishing your purpose. Continue to fight and open pathways.

Since you are fulfilling the purpose for which you were created, what we are really talking about here is the divine. Believe in what you have. Don't stop reaching for your dreams. Move forward and conquer! You are equipped with all that you need to reach them.

BE WHAT YOU WANT TO BE

Find your ally, your battle companion. He or she will be the one who will give you support when you have to run that extra mile. Your faith in action will ensure victory.

EMBRACE YOUR DREAMS

My career and the United States...

BE
WHAT YOU WANT TO BE

EMBRACE YOUR DREAMS

Within a month of having reached Buenos Aires, I received an invitation from an organization in the US that promoted the Spanish language and its culture. They invited me to give a concert for students of Spanish in a town called Haltom City, situated to the west of Dallas, Texas. The concert was held in the auditorium of Haltom High School, where students of Spanish classes from neighboring schools also participated.

I still clearly recall the moment when I stepped out onto the stage. There were about nine hundred American students there, screaming my name in unison as if I were a famous rock star. It was nearly impossible to believe what was happening. As I began with the first chords of the song, the entire auditorium began to sing right along with me. When that concert came to an end, I knew I had found my place.

The other school teachers came up to tell me that they had never seen their students so happy in a Spanish language program. I didn't fully comprehend what was happening around me at the time; I was still inexperienced. I had simply performed a concert in the same way that they are performed in my country, in Argentina. But one thing was certain: as time went by, and the more I moved my way among those people, the feeling of belonging and of being on the right path was growing with every minute.

Today, the images rush vividly back when I remember all the love and warmth that those people gave me.

The next day we participated in a conference for Spanish language teachers. Every year in the United States, language teachers hold different conventions.

This particular conference was for the TFLA, or Texas Foreign Language Association. Suddenly, I found myself among a multitude, as I had been invited to participate by singing two of the songs from my first disc recorded for BMG: "Tu cárcel" and "Siempre por siempre."

That night, those songs were translated. And within a matter of minutes I sold the sixty records that I had originally brought

BE WHAT YOU WANT TO BE

along with me just to see if it were possible to sell them. The considerable price of twenty-five dollars for each album did not put off the conference participants or dissuade them from trying to obtain a copy.

The next day, when I was already on the airplane back to Buenos Aires, I had finally felt that my life was taking a turn that I had never ever imagined. It had never occurred to me to sing before students and teachers in the United States. However, the goal of becoming just another singer and to develop my talent even further was gradually being left behind, giving way to a new one that was slowly making its appearance. I was a bit confused, so I told myself that I would allow whatever situations that arose to mark the path to follow.

Pam Kaatz, a teacher friend of my family, soon became a sort of promoter of what I had to offer. Many teachers approached her to hire my services and to get me to sing in their schools.

A surprised Pam repeatedly warned them about my busy Buenos Aires commitments. However, the teachers' insistence got Pam and me to hold a meeting and take a closer look at what was going on so we could decide what course of action to take.

Then, unexpectedly, Pam phoned to tell me I would have to head back to the US to perform for the coming shows to be held in eight schools. Everything seemed to point to the beginning of a new path. I was enveloped by happiness. All those childhood dreams were beginning to grow day by day.

Starting the following month, the United States became my second home. And the experience shared in each school made a truly wonderful mark on my artistic career. There were plenty of times that I would simply forget the lyrics to the songs. But deep inside me, the thrill grew stronger as the revealed significance of all that was happening became more evident.

When the tour ended, Chris Bucolla, a California teacher, phoned me with a proposal. He wanted to invite me to his school to give a concert. The school was located in a city called Diamond Bar. He then asked me if I could be there two days earlier, because he wanted to present the program to teachers in the area. Naturally, I said yes. So one day before beginning the concert, about twenty Spanish language teachers from the school district were invited to his house for tea, with the idea that I would sing to them and tell them more about the program.

This meeting led to a new tour that included the cities of Huntington Beach, Sacramento, Pasadena, Diamond Bar, Los Alamitos and San Diego, all of them located in California State.

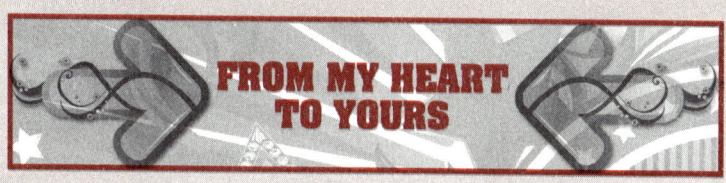

How strange! Ever since my childhood I had longed to conquer and fulfill my dream: to be a singer. Now I was standing on the very threshold of what I had so much dreamed. It all seemed so incredible.

Before the concert, on that very important night in California, I couldn't get to sleep. Perhaps it was the classic stage fright that wanted to take control of me. Those in the know say that this apprehension of going on stage has to do with the fear that one experiences at the most important moment of their lives. And that is why many fail in their attempt to reach their dreams.

It is well known that many people who are truly qualified to achieve what they set out to do actually quit before making it to the final goal. This could have happened to me.

However, it wasn't for mysterious reasons that this did not happen: it was because there was something greater inside me—something even greater than my own desire and longing—that had begun to take on a truly prominent role.

It is true that my life has been a great adventure. But I have also had obstacles and situations to overcome. In everything I have done, I have developed and grown so that my dream would be a reality today. But I want to tell you that the secret of my success is

BE WHAT YOU WANT TO BE

in the fact that along the entire journey I have had a great friend at my side. His name is Jesus. He has not only kept me going in my moments of weakness and when I have been most disheartened, but he has also given me renewed strength when I had none left.

FAITH IN ACTION

My father and I…

FAITH IN ACTION

Buenos Aires, capital of the Argentine Republic, is one of those places where everybody wants to live and, at the same time, to be far away from. Everything can be found there: banks, huge companies and the most productive businesses, right along with environmental pollution, vehicular overcrowding and the insults of the drivers due to the constant traffic jams. It was in that giant city, with its many facets, where I lived.

My father was always a journalist. Actually, he was a journalist even before I was born. He was constantly surrounded by papers, pencils, pens, newspapers and portable tape recorders. His life went from our house to the radio station, from the radio station to the television channel, where he worked on the news as a reporter, and from television back home again. Both *Clarín* newspaper—one of the most important in the country—and *Tiempo Argentino*, which was very well known at its peak, formed a part of his second home. I went with him many times to the newsroom, and I kept myself happy by playing with the little ball that I would create from some article that had been tossed aside.

The soccer stadiums were also part of my father's habitat. That was where he worked as an announcer for the games held for the Argentine tournaments.

I remember one of the many times that he took me to the booth where they broadcasted the game. Bernardino Veiga, a famous soccer announcer, was usually there. My father would make his technical analysis after each play, and both men were therefore well prepared for my father's phrase, "Take note, Veiga!" After that remark, an opening commentary was guaranteed.

On one of those stadium visits, my father left me alone in the booth. The first half of the game had ended and he stood to buy me a soft drink, suggesting that I stay where I was. In a firm yet warm voice he warned me not to touch anything. So you can imagine the surprise on his face when he returned, as he came into the booth and saw me with the microphone in hand, struggling to switch it on as I blurted, "Take note, Veiga!" My father's exasperated scream made me drop that microphone in a split second. Thank God the microphone never went on! Can you imagine if a child's voice had been broadcast over the air during the soccer game? That incident would surely have meant the last day of work for my father.

As for my mother, she took the path of teaching. Perhaps she too could be considered a media woman: day after day she stood and spoke before dozens of students who would listen closely to her lessons.

We lived in a small apartment, a two-roomer as they're called in my country, Argentina. It consisted of a kitchen, a bathroom, a living room and a bedroom. My parents slept in the bedroom; and my newly born brother, Juan, and I slept in the living room for a brief time.

The apartment was located in Once neighborhood in the capital. This place was typically distinguished by the confluence of different ethnic groups gathered and organized there, not only to live but mostly to conduct business. This is why it is common to see in the streets of Once hundreds of shops run by Koreans, Jews and Arabs.

Buenos Aires is known for its special charm of popular city nightlife, and it also is known for its humidity.

On one humid winter midnight, my family was at my maternal grandparents' house, an hour outside the city of Buenos Aires. My parents suddenly awoke, alarmed, to find me seated on the bed with my face completely red and barely able to breathe. The lack of air, the suffocation, must be one of the most terrifying sensations that a human being can experience. At moments you die; then you are revived. Then you die again. And on it goes…

But when those feelings are experienced at such a tender age of three, when a child does not even know the difference between good and bad, the dangerous from the harmless, it is even more exasperating.

My parents did not know what was happening to me. My mother's face twisted. When she realized that I couldn't breathe, she did everything she could to give me air. My grandparents had no telephone, my father had no car, and the public bus service was not running at that hour. Something had to be done immediately, before it was too late. It was an extremely cold and windy night. But around two in the morning, my father grabbed a bicycle that was in the garage and took off in search of an open pharmacy. He didn't find one until forty minutes later. He bought the medicine and began to peddle with all his might, asking God to let him arrive on time. He burst into the house like a bolt of lightning, but to his surprise I was already feeling better. I had experienced what is known as "false croup", also known in English as laryngitis. This disease is the obstruction of the upper airway by an inflammation of the larynx due to a viral infection. The larynx closes and does not allow the passage of air for several minutes. It is very common in children up to the age of five.

My mother had resorted to a homemade prescription. She grabbed a pot, poured in water and boiled it with salt. As it was boiling, she drew me toward the pot and I inhaled the steam. The larynges slowly started to open, the attack was calmed, and I recovered almost completely.

The following morning we had an appointment with the pediatrician. I still remember that day how the doctor explained to my parents what I had suffered the night before. I tried to soothe my mother, since I had been diagnosed with asthma. My mother had suffered those bouts herself until the age of twenty-three and feared that I would face the same problem. However, the doctor was very practical and suggested to my parents that we move from the city to a place more suitable for my lungs, with more vegetation and pure air.

The return home was in silence. My father seemed pensive but with a lost look in his eyes. My mother only stared straight ahead. Both were thinking of where the best place to move would be.

Properties were very expensive in those days. Day after day we searched the real estate magazines for a good offer. But my mother's brother, Uncle Dante Sbarbati, who was aware of our situation, offered us his house in Florencio Varela, located to the south of the capital.

BE WHAT YOU WANT TO BE

The house didn't have much vegetation, as the doctor had recommended, but it did have two important features: it was almost completely in the open air, free of pollution; and in the face of any asthma attacks, my aunt and uncle were close at hand to help my mother, since my father had to go to work and always arrived late at night.

The economic situation in those years wasn't so great, and my father's work was a very important factor. So, after the Chinese family that had been renting my grandparents' house in Ranelagh for three months finally moved out, we moved in. We lived there for four years.

My quality of life and health changed considerably. The asthma attacks diminished and I began to lead a normal life like any other child, taking the necessary precautions. My love for sports also became more apparent. One of the first gifts that my father gave me was a soccer ball, which allowed me my first kicks around that place.

With plenty of tripping and falling, I started to learn the art of kicking the ball. I was so happy with that ball! Even though some who saw me play would say I had no future, I enjoyed it anyway. Sure, those guys were right: as a soccer player, I was a true disaster. Nonetheless, it was during those years that the flame that would illuminate the rest of my days was ignited. My life was to take a different path.

FROM MY HEART TO YOURS

Today, as I have come to know fatherhood, I can now comprehend the greatness and courage of a father when facing the pain of his child. My dad had no hesitation in his heart when he ran from the house that winter night in search of medicine, even though he had no guarantees of whether I would still be alive or not upon his return.

FAITH IN ACTION

How many times do we react in this way? In general, when facing a situation of despair, we become paralyzed and regret that we do not know what to do. Well, I want to tell you that an action taken in the face of adversity always brings good results because action goes hand in hand with faith. And faith is "the certainty of that which is expected and the conviction for that which is not seen." This means that you must not freeze up in the face of life's situations but that you must spring into action and actively seek what you are hoping for, trusting that once you have arrived you will have found what your heart so strongly desired.

The sooner you discover the flame that gives rise to your dreams, the shorter the road to the goal will be. Trust and enjoy the path toward your reward, which is certainly great. Remember this phrase, put it into practice and repeat it each day: **Today will be the day that I will move one step closer to my goal.**

A LOOK OF HOPE

My mother and schizophrenia…

A LOOK OF HOPE

It was June 1978. Argentina was hosting the World Cup for soccer. All of the streets were filled with confetti colored white and sky blue, the colors of our flag.

This sport has always stirred in the Argentines a certain passion and countless behaviors impossible to rationally explain. Soccer does not follow reason; it is simply frenzy, passion and a mix of emotions and feelings: so much so that while Argentina committed the most atrocious humiliations of human rights by way of a military dictatorship, the entire nation celebrated for the first time in history the victory of winning the World Cup. Everything else seemed to be very well covered by indifference and coldness.

However, in that climate of appearances and simulated celebrations, the heart of my family lived an experience as strange as it was distressing.

It was about 3 o'clock in the morning. My two-year-old brother and I, now nearly four years old, slept together in a room next to my parents' room. A tiny hallway joined the two spaces. It was a cold night and you could hear the noise of the street dogs that hung around the block. I was getting used to the typical sounds of the neighborhood, but I never imagined that I would awaken startled as I did that night when I heard a terrible shriek. It was a bloodcurdling scream that could be heard through the walls, and it came from my parents' room. I went running with my brother, and I found myself in a situation difficult to forget: my mother, in a completely altered state, was screaming and hurting herself. My father tried to calm her without knowing what was happening. He could only tell us to return to our room so that we would not witness such a violent scene.

I remember that my parents went to a doctor's office. After a time of periodic controls of my mom, the doctor finally decided to speak with my father about what was wrong with her. In those days there weren't the scientific advances that we have today. The doctors had carried out an endless number of studies and analyses to make the best possible diagnosis. This included regular visits to the psychologist. And finally the result came in. All the professionals agreed that my mother suffered from schizophrenia. It was a very new word that did not form a part of our daily vocabulary.

Schizophrenia is an illness that attacks 1 percent of the world's population at any given moment in their lives. It affects people from all sectors of society, usually young people between fifteen and thirty years old. Not everybody suffers the same symptoms, but schizophrenia disturbs the way of thinking and emotions, which may distort perceptions and alter thought.

During her psychotic episodes, my mother demonstrated destructive behavior with periods of autism. She would not speak and almost refused to eat; her gaze was completely lost, her body curved and her hands numb. She had to be accompanied twenty-four hours a day because she sometimes disappeared from home and we couldn't find her. We would have to search the neighborhood, with the further worry that something may have happened to her.

Her attacks were sporadic, perhaps three or four times a year, but her disturbed state would last several weeks.

After that visit to the doctor, my mother had to be admitted to a psychiatric hospital. And we could visit her only some days later.

It was a totally dismal and cold place, the type you see in a typical horror film. The people wandered about, and some stared directly at me. The fear overwhelmed me so much that I nearly started to cry. So I grabbed on to my father leg, which was the safest place I could latch on to. We headed for the room where mom was resting. We tried to dodge the patients who approached us for cigarettes and spoke senselessly. When we arrived, I could see her from the door sitting up in bed. With a smile on her face, she fixed her eyes on me and I ran to hug her. It was as if the ominous incident back home had never even occurred.

Within a week after that visit, my mother came home. The doctor had spoken with my father, explaining that we had to exercise extreme caution when attending her; and most importantly, we should never leave her alone when she was depressed. She would always have to be accompanied. And that is what we did.

A LOOK OF HOPE

One day we were having lunch at my grandmother's house. At that time, we lived close by. Mom wasn't feeling well. It was clear that she was entering one of her crises. Suddenly, she rose from the table, left her lunch there, and went to the bedrooms. I was only five years old, but I could remember the psychiatrist's indications that we should never leave her alone. So I went after her. I looked into my room and the bathroom, but I couldn't find her. I went to her bedroom, and there I was witness to the most terrible experience of my life. I will never forget what happened that midday afternoon. My mother was hanging by a belt tied around her neck, trying to take her own life.

I thought I was paralyzed for a brief few seconds, but I heard a voice from inside shout: "Run toward her!" I jumped over her body until I could remove the belt from her neck. She fell to the floor. She was still breathing. And as she looked at me in the eyes, she began to cry. Between sobs, she said that she couldn't go on. She was out of strength. She spoke to me as if I understood what was happening, at only five years of age. I only knew that I wanted my mother to hold me and take care of me as she always had done before.

The years passed and with them the violent episodes that sprung from my mother's illness.

Growing was not an easy thing for me. Nevertheless, during the intervals of time when she was doing well, my mother was the best mother in the world. She attended to us with all the sweetness that she always had. She helped us with school work and was very loving with us. But when the disease seized her, she would fall into a deep depression.

The day-to-day situation was distressing. My father could not handle it anymore and took the decision to separate from my mother for one year, when I was turning eight years old. So my brother and I went to live in our grandmother's house. Then dad got back together with mom and they lived together for four years more.

However, the schizophrenia continued to torment my mother, and the situation with my father was increasingly intolerable. He was constantly traveling for work-related matters. And when he was in Santa Fe province, in Argentina, he met a woman. That woman managed to give him all those things that my mother could no longer provide. So once and for all, and with great pain, my father resolved to separate from my mother for the second time.

As a child, you cannot understand what happens when your parents separate. They were very difficult times for us, as children. We experienced a feeling of vulnerability and loneliness. But thank God, my father never abandoned his responsibility. We did not have an absent father; on the contrary, he was always very loving. We would see each other nearly every day, we ate together at home, we would visit him in his office, and we took walks together. He always made sure that we had everything we needed, and that even included my mother.

Down to today, I remember my mother's scent and her tender embrace. No matter how the years go by, there are moments that one keeps so fresh in the memory that it's as if they were a continuous present that may never be erased. One of these images was a snack in the psychiatric clinic where my mother was a patient.

She seemed to be well, happy to share an afternoon with her husband and children. That scene for me was a ray of sunlight in the middle of the storm. It gave me hope.

So I believed in her, knowing that the darkness, as dark as it may be, would not last forever. One day the sun would come out and shine over everything, bringing joy to my heart. If you manage to have a vision of hope in the middle of pain and adversity, this will fill your entire being. You can come out with flying colors in the middle of the battle if you put your mind to it and discover the light in the middle of darkness.

A LOOK OF HOPE

Bad times are fleeting; and like the hands of a clock that mark the following minute and leave behind the passing second, our mind and heart must trust that whatever is to come shall be the best for our lives. You can turn back the sadness, pain and anguish. Work hard and you will achieve it. It's all a question of attitude. Trust that whatever is coming for your life is the best.

You are not alone. Jesus is with you. Let him into your heart, walk with him and everything will be easier. That is my advice.

PROGRAM YOUR MIND FOR CHANGE

Between moving and readjustments…

PROGRAM YOUR MIND FOR CHANGE

The life of a child is not easy when living with constant readjustments produced many times by moving and the change of schools. It sounds like an exaggeration, but according to psychologists moving is comparable to the grief that people suffer after the loss of a loved one.

Well, ever since I was a small child, this has been a part of my existence, right down to today. When a plant is uprooted and replanted in other lands repeatedly, that plant can never take root and it winds up drying out. I don't see why it should be any different with humans.

My health problem had caused the first move to the southern region of metropolitan Buenos Aires. We went from a neighborhood strategically located in the center of the city to another one in the middle of nowhere.

So I went to kindergarten at San Pedro Pascual School. I completed first grade and we moved to Quilmes, a place also situated to the south of the capital some forty-five minutes away. We lived there for three years, and I went to a public school, number 22.

I still have images tucked away in my memory. It was a day with little sun. I was very nervous because I didn't know anybody and had left behind my friends from the previous school. I had to start over once again.

The teacher, Mabel Pérez, was very kind and smiling. She asked me my name. Her look made me feel secure, something of which I needed plenty.

After completing second grade, my parents had separated for the first time. So we returned to my grandmother's house in Ranelagh, with my mother and my brother. My grandmother loved us, but she too, like my mother, was not mentally stable. Living in that environment was no easy thing for us.

Then I returned to San Pedro Pascual School and began third grade. By mistake, they put me in a class where there were none of my first grade classmates. I was filled with loneliness, and I cried

BE WHAT YOU WANT TO BE

deeply. Finally, the school administration put me back with my old classmates. I felt more confident and relaxed.

When I completed third grade, my parents were trying to mend their relationship, so we moved back to Quilmes. I began fourth grade there, at public school number 83, where I finished my primary school studies. Those three years were not easy for me. My stuttering problem was obvious, and I had to adapt to a new school.

But when I was thirteen years old, my parents separated once again and moving came one time after another during my high school studies. Each time I managed to adapt to a new group of friends, a change abruptly threatened my relationships.

FROM MY HEART TO YOURS

As you can see, I have never been able to put down roots in any single place. My life has been a true going about, to and fro, down to today.

The world where we live obliges us to make constant readjustments. The person who does not accept this change and who adapts only to his or herself is not only left outside the path but also misses the opportunity to grow. That is why you need to face life being able to adapt and to not get angry when situations barge into your ease and comfort. The only way to continue growing is by constantly daring to surface from your comfortable and routine world and go in search of new challenges. These changes will oblige you to move from the zone where you have everything under control to a new place waiting to be conquered. If you want your life to advance another step on the ladder to success, then you must reprogram your mind and use your instinct and knowledge to dominate those changes. If you don't learn to make the best of these, they will dominate you.

"Cambia, todo cambia," as a song goes in my country. Companies merge, the economy goes up and down, and styles of music change as often as hairstyles. In truth, nothing lasts very long. Everything takes on a new path, color and shape. That's why it is necessary and essential to understand and accept that this is how it will always be. You cannot fight it. If you don't climb aboard the train and try to adapt by taking advantage of your excellent conditions, then you will be left behind.

Program your mind for change, a change that is firm and that leads you to face fresh challenges, to use your talents and guide you toward conquest.

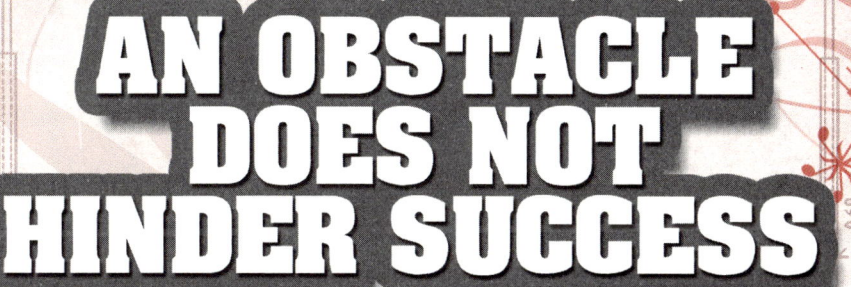

My shyness and stuttering...

AN OBSTACLE DOES NOT HINDER SUCCESS

In third grade, section three, over and over I would hear my entire class chanting in unison, "He's blushing!" The head teacher of the school, Mabel Pérez, would enter the class and, before all my mates and in a nearly mocking tone, say, "Justooooo, Justooooo." My cheeks would turn red from embarrassment. My very loving classmates would chant the most hated song of my life.

Much has been written on the issue of shyness! Experts on the subject and even self-help books have given us an understanding of our fears. Naturally, those books never made it to my hands, as I was an extremely shy kid.

On top of that I had acne all over my face. Before going to school I would pop the pimples that appeared every day. This gave me plenty of complexes with my friends, who gave me the nickname "Corn Cob" because my face looked like it was covered with grains of corn.

Imagine how I looked and felt. I was very thin, shy, a stutterer and filled with pimples. You might think that I was introverted because of my stuttering. However, I had been shy for quite some time before that; the speech problem only accentuated what was already a part of my personality.

In contrast, my brother was extremely extroverted. And when I was about ten years old, I could feel the difference. He always won everybody's approval, and the acceptance of family and friends was markedly different for him when compared with me.

Most people accept those who stand out, and they are attracted by those who have a free personality. It draws everybody's attention. That's when I realized that my shyness would get me nowhere. It curbed my struggle to reach for my dreams, and I knew I had to overcome this problem.

In those days, I started to sit in the front row of the church. When the time for the canticles came, I always stood out for my loud singing.

The music director, Ricardo Riso, picked up on my talent, the very thing that would become my passion over the coming years. One

BE WHAT YOU WANT TO BE

day, he hushed the canticles and asked me to do the directing. My heart started beating fast. I felt the eyes of the assistants nailed to my face, where sweat was pouring down, and this immediately made me turn red. However, I began to sing. The entire congregation applauded and encouraged me on. It was the first time I had sung before so many people. Nobody ever imagined that this shy and introverted kid could sing.

The following Sunday I didn't want to sit up front. So I hid myself among the crowd. Nevertheless, the director called me to the front. My legs were shaking so much that they seemed to move to the tunes of Elvis Presley. I sung again, but my voice trembled so much that the sound came out like a goat.

I was betrayed by all that nervousness and embarrassment of being in front of so many people. That day I told my mother to speak with Mr. Riso and ask him to never call me again to the front. If he did, I would stop going to church. My mother did what I asked.

A few months went by and the church was preparing for Christmas. I knew they needed somebody to sing a song. So I took advantage of the opportunity to go and speak with Marta Presta, the pastor's wife and the church pianist. I told her that I wanted to be the person who sang that song. I knew that this was the perfect moment to take the first step toward my dream.

In the presentation, I had to perform one of the songs as soloist. I had prepared myself like crazy. The song was by an Argentine composer named Facundo Cabral, and the refrain went: "Fly low, because the truth is down to Earth." Somehow I knew that singing was my destiny and that I had to overcome my shyness.

I was only eleven years old, and I knew how to play a few chords on the guitar. So I practiced at home in my bedroom, looking at myself in the mirror. I needed to convince myself that it was a simple thing to do, that nothing bad would happen. But the fear still crept up at times. Nevertheless, I was convinced to drive ahead with my challenge. I had memorized every verse and sang the song with complete confidence.

AN OBSTACLE DOES NOT HINDER SUCCESS

The day of the celebration finally arrived. We were all dressed for the occasion. The parents were anxious about seeing their children perform.

The Christmas festivities had already commenced, but my part was still a few minutes off. When there were only ten minutes remaining before I was to go out onto stage, I had the feeling that all eyes were resting on me. It seemed like everything around me was moving as I remained motionless, watching everybody pass before my eyes. Hesitant, I began to sweat. A psychologist might define my condition as stage fright. I had no idea. The only thing I knew was that I wanted to run away from that place. I wanted to escape. And that is what I did. I hid in the bathroom, and then I ran off to the park until the show was over. Of course, the director of the presentation and my parents looked for me up and down and couldn't find me.

The opportunity that I had been waiting for, the chance to overcome my shyness, slipped away from me like water in my hands.

Booker T. Washington was born in an age of slavery in the United States. He was denied all of the resources that white society had at its disposal. However, he never let this hinder his search for his true potential. He founded the Tuskegee Institute and the National Black Business League. Washington said, "I have learned that success is to be measured not so much by the position that one has reached in life as by the obstacles which he has had to overcome while trying to succeed."

You know as well as I do that the struggle to reach what you desire is not easy. This is doubly true when you are on the verge of defeating the obstacle that will set you free and let you feel confidence in yourself and in your dreams. Any and all obstacles can be defeated. People who have reached success can tell you that.

BE WHAT YOU WANT TO BE

> *Your vocation, that of finding your gift, is something transcendental, because this is exactly what your purpose on this earth is about. There is a time in life when you come face to face with that special treasure you carry inside you: your dreams. It is a crucial moment, when you must take the decision to seize them, or not. This decision will mark the rest of your life forever.*
>
> *Some people don't even get to discover their talent because they have their sights on somebody else's gift and not on themselves. Don't worry if you still have not discovered your dreams; we always have a second chance.*
>
> *However, it is still important that you define the skills that need improvement, as well as the obstacles that keep you from moving forward. Once you have identified and worked on these points, draw up a work plan and write down the tasks in order of priority. Take the path toward the goal, step by step. Don't get distracted or sail off course. Life is very short and you must take maximum advantage of it by accomplishing all that you desire.*

The next show that was given at the church was about a soldier who had to sing in the middle of a war. To my surprise, they asked me if I wanted to create the character and sing. This time, I answered confidently that, yes, I would play the part. So I asked for a toy machine gun to carry in my hands as I sang, since I had a hard time hiding the nervousness that was revealed by my shaking hands. When the show opened, I sang standing, stiff as a rock and as red as a tomato. When it was over, I knew it hadn't been my best performance, but I was sure that I had delivered a good blow to my shyness.

Nevertheless, as I struggled on with this weakness that caused me so much fear, my stuttering grew increasingly obvious. This made me sad, and out of the shame of ridicule it drove me even further away from those around me.

It is estimated that there are approximately forty million stutterers in the world. According to statistics, 5 percent of the world's population of children may suffer from stuttering. And suffering is the right word, as this condition makes it so difficult for these children to communicate with others.

The causes of stuttering have yet to be defined with certainty. Some studies say that it is the result of an interrelationship between biological, psychological and social factors. On the other hand, others focus more on the psychological factor and maintain that anxiety has an important influence in the speech of children.

Some inappropriate educational guidelines may also cause stuttering. Pressure on a child concerning his or her way of speaking can cause anxiety and, consequently, lead to stuttering. All of these factors help to explain the importance of keeping in mind that this speech impediment is not a disease.

FROM MY HEART TO YOURS

If you are going through this problem, I would like to share a phrase with you that I once heard a long time ago. It lifted my spirits and gave me courage: "Stuttering, an obstacle that does not hinder success".

This expression helped me greatly, and I began to investigate whether there were successful people who were or who had been stutterers. To my surprise, I found all of these following famous names: Tiger Woods, Bruce Willis, Julia Roberts, Anthony Quinn, Marilyn Monroe, Mark Anthony and many more.

So I realized that stuttering really wasn't a hindrance to achieve my dreams. In fact, I clung to them even more and told myself that if I had been born to sing, and if that was my purpose here on Earth, then my stuttering would just have to go. As time went by, the problem completely disappeared.

Stuttering is no joke! That's why it is so important that you know that you are not alone. There are many people who understand what is happening to you and who would like to help you. Stuttering is not your fault. But it is absolutely necessary that your mother, your father and all those around you become informed about stuttering. The more they know about it, the more they'll understand you and be able to support you.

My advice is that you stick to your dreams and seek out a professional who will care for you and help you to face this problem, which indeed has a solution. You too can be one more on that list of thousands of people who have gone through and vanquished stuttering.

FIGHT FOR WHAT YOU LOVE

Together again…

FIGHT FOR WHAT YOU LOVE

At the beginning of 1990, my father decided to get back together with my mom. We were very happy to have our parents united once more. A cousin of my mother, Mabel Gutiérrez, told me that my parents had lived for three months as if it were a second honeymoon. All that they had planned as newlyweds seemed to be the norm. They thought they would remain together no matter what happened…

It was a sunny afternoon. My mother had paid a visit to the doctor for certain irregularities in her menstrual cycle. When she came home, my father asked her how the appointment had gone. Looking him straight in the eye and without any pretext at all, my mother told him she had cancer. She quickly added that she would remain calm, that everything was going to be okay. Dad didn't know what to do, but with my mother's confidence, he stayed right with her throughout the entire process.

One year later, on August 4, 1991, my mother passed away from cervical cancer at the young age of forty. During the entire time of her struggle, my mother had filled me with many of life's lessons, such as overcoming adversity and being happy in the middle of the storm.

This event definitely marked the closing of a chapter and the beginning of a new stage in my life. At seventeen I had to deal with the loss of my mother, but with the gift of knowing that a future filled with success and happiness awaited me, because that is what I believed and what I wanted.

FROM MY HEART TO YOURS

I remember a phrase from a precious book, the Bible, that has accompanied me to this day: "Not that I have already obtained this or am already perfect; but I press on to make it my own, because Christ Jesus has made me his own." There is always one more step to take forward, lands to conquer. Do not stop; make the most of your full potential. And remember that the best is always yet to come.

My mother's dream was to have my father by her side once again. Her spirits and her hope never left her, and even less her faith. She kept alive the certainty that her husband would return to her. She always knew how to put her FAITH IN ACTION. I say "in action" because she never sat around waiting for a single moment. On the contrary, each time that my father came home to visit us, she would be waiting for him with a smiling face and in her finest dress, without even thinking that he would afterward be returning to a house with another woman. She taught me that you must fight for what you really love. You must focus all of your efforts on it, without paying attention to the negative stuff and only to the genuine desire of reaching what you long for.

My mother went through some extreme situations, but thanks to her integrity and perseverance, I can tell you today that there is no problem in the world that can hinder your future. It is in those difficult circumstances where you may see that you are not alone, that God is with you, giving your spirit the strength, encouragement and fortitude to discover the solution. This is the attitude with which you must face life. Learn, grow and earn the right tools to achieve your dreams.

MAKING DECISIONS, THE KEY TO SUCCESS

Listen to the needs of others, the principle of a leader.

MAKING DECISIONS, THE KEY TO SUCCESS

In the United States my career was growing. I became a great ally of the Spanish teachers, almost without even realizing it, by motivating young American kids and adolescents to study this language and to fall in love with Hispanic culture, of which very few were familiar.

The educational concerts began to become known all around the nation. The news made such an impact that different foreign language institutions of the United States, such as ACTFL (American Council on the Teaching of Foreign Languages), AATSP (American Association of Teachers of Spanish and Portuguese), TFLA (Texas Foreign Language Association) and NECTFL (Northeast Conference on the Teaching of Foreign Languages) began to invite me to give concerts.

So, in 2001 I had to make the decision to move one more time: but this time, to the United States. The reason was simple and logical: if I wanted this undertaking to grow and develop, I had to be present, in the place. Everything was moving in gigantic leaps.

At that time I was in going out with Evangelina Scarabino, who today is my wife. The decision I made was a difficult one, since our wedding plans were in the making. But fortunately, Eva knew how to weigh the moment that I was experiencing. So we sped up the wedding plans, and we went to live in Lewisville, a city located half an hour from Dallas, Texas.

Over time, my wife became an essential and vital element of this newly forming movement. Eva had no qualms about quitting her job in Buenos Aires, where she was working as a social worker in a juvenile court. She also closed down her dance institute, where a large number of students were attending. She put dance into my concerts, and through movement the students could learn, among other things, the parts of the body.

Eva always said that she had no doubts about leaving behind everything in Argentina and going with me. She sensed deep inside that something very big was about to happen and that her contribution as a social worker in the creation of the message to the students would leave an impression among youth that she simply did not want to pass up.

BE WHAT YOU WANT TO BE

Taking the airplane from Buenos Aires was quite an experience. Our family had always supported us in this decision. So we bade our farewells at Ezeiza Airport in Buenos Aires with plenty of hugging. They had been with us throughout the entire process of adaptation.

The apartment that we had rented in the United States was completely empty. We used the little savings that we had to make repairs and buy the necessary furniture for settling in. Running around the furniture shops broke our car's mileage record. We had to cut costs to the minimum. We even picked up two blue chairs from the street. I'm not sure whether this was was out of necessity or not, but those chairs sure looked beautiful in our small living room.

My career was picking up pace. The commitment to my dreams was complete from that moment on. There was no turning back. It was about succeeding or dying in the attempt. That year we had thirty-five concerts around the entire country; the following year, seventy-six. And we were simply amazed by the next season, between 2004 and 2005, when we had more than one hundred concerts.

The need to sing was so strong that I never got tired. It was as if I had a battery that never died. The experience of each concert confirmed that young people needed to hear another message besides those of love songs.

I remember the concert we gave at a school called Parkersburg High School in West Virginia. I suddenly started talking to the students about problems and how every situation has a solution. I went on to say that nothing is impossible. When I finished my speech, I had no idea why I had mentioned those things; but deep inside I was certain that it hadn't been in vain.

The beautiful thing was that when I got home I received a big surprise. Going through my e-mail I found a note from a student who confided that before hearing my message she had been thinking about committing suicide; but then, by saying that every problem has a solution and that one could pull oneself together in difficult situations, she had understood that it was up to her to make the difference. She said she had made the decision to become a doctor who would travel to other lands to save people's lives. That e-mail made me realize that I should change the lyrics of my songs and get involved in the problems of youth so that I could reach them with my message. I had to help them resolve their difficulties.

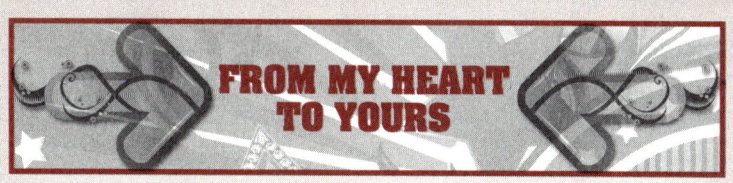

I had come to a new stage in my life, one in which it was necessary to fine tune my hearing and be sensitive to people's needs. That would be the only way I could help them.

When facing life, moving ahead is fundamental, but you also have to stop and check to see if everything is in order to be able to continue the journey and reach your goal.

If you want to be number one, you have to learn to make decisions and pay attention to the needs of those around you. That's how you will manage to grow and reach into areas that you never thought you could reach.

My dear friend, our lives are constantly filled with choices that we must make, in both the business and the personal world. For this reason, you must know that making a wrong decision carries with it frustration, a waste of time and weakness. You need to make the right decision.

Permit me to offer you some points that will help you in the decisions of life that you will have to make:

1. Set objectives. *It is important that you set very precise objectives once you have discovered your dreams. Setting objectives orients you toward your goal.*

2. Gather information. *Knowing all the details by gathering all the information you can about the issue you must decide on allows you to make the right decision.*

3. Weigh all the options and choose the best decision. The best option must always be related to your own essence, to your dreams. Never lose the objective of your goal, of where you want to make it; and from there, make your choice. Don't get distracted by immediate and passing options. Focus on those that have a transcendental meaning, remembering that your dreams go beyond those things that you can see or touch today. Your purpose-dream is related to the divine, which is why you must go for the option that points to transcendence. Your dreams, therefore, will mark the way; they'll leave behind their impression and will make a great difference.

MY LIFE, A BLANK CHECK

By: Sebastian, Publisher, Unicago III, No. 25, Made in Ge...

The value that you give to your life is up to you.

MY LIFE, A BLANK CHECK

There are many publishing houses for school books in the United States, but one of them at the forefront is called Glencoe/McGraw-Hill.

When they heard about the revolution that was taking place in the schools as a result of my concerts, they didn't want to be left out of this undertaking, and they made me an unusual offer: to put my songs at the beginning of each unit of a new book that the company would publish for the educational market. The title would be *¿Cómo te va?* The book's presentation would be held in Washington, DC, and continue on tour to Tennessee, Pennsylvania, New York, California, Ohio, Florida and Texas. The book's success was overhelming. It soon became one of the highest selling books on the Spanish teaching market for middle schools in the United States.

However, one fine day in 2001, something happened in my and my wife's life that would change forever our way of seeing and approaching the dreams that we were achieving with so much effort and sacrifice. We had left behind our beloved ones, our country and its people. Jesus had come into our lives. We were in love with him. And his teachings changed our hearts for all time.

In my concerts I always mention that we are not alone. And I also speak of the importance of finding our purpose on this earth, in this life. Many ask me how they can find their purpose, and I tell them that this purpose has to do with your dreams, with what you love doing. When you fulfill your dreams you are fulfilling your purpose on Earth, the very reason for what and why you were created. It is no accident that you and I are on this earth; it is for a reason. Finding that reason is your responsibility. You are not here to go unnoticed; you are here to mark a destiny, to impact your family, your friends, your city, your country and the world. And that is achieved by fulfilling your dreams through Jesus.

One day, when I was preparing my message before beginning a tour, I checked out some information on the Internet about the problems of youth in the United States. And I found some very sobering data.

According to statistics from the year 2000, suicide was the third cause of death among young people between ten to nineteen years old. More pre-adolescents die per year by suicide than terminal diseases such as cancer, heart attack, AIDS or chronic illness. And these figures increased up to 70 percent between 1981 and 2000.

Most adolescents interviewed after a suicide attempt say that they had taken such a radical decision because they felt incapable of facing a situation that was impossible or difficult to overcome; which is to say, because they wanted to put a definitive end to the thoughts and feelings that tormented them.

Trying to escape from feelings of rejection, pain or loss, some people end their lives or attempt to commit suicide. Others feel anger, shame and guilt for some situation or other; or perhaps they simply do not want to let their family and friends down. They don't want to be a burden to others. It is this impression that compels me to share a real message with young people, a message full of life, which has sprung from my inner being. This is why I lay bare my personal life, my experiences and my difficult moments to offer myself as an example in saying that you can forge ahead. Even though everything may point to "no," a solution is possible.

There is a wonderful phrase that says that God does not let us come across a problem that we cannot resolve. There isn't a single situation that doesn't have a way out. You and I have the capacity and the tools to continue forward. An eternal destiny and dreams are ours to discover. We must fight for our dreams.

The life we have is precious. Nothing and nobody should stop us from living it to the fullest, from accomplishing the purpose for which we were created. Keep up your spirits! If you are going through a bad time, hang on to these words. Open your heart and speak with your parents, your teachers, your counselors or seek help from a professional. I can assure you that you will come out with flying colors and renewed strength. And you will be witness to the fact that you were victorious in a great battle.

Your life is a blank check. The amount that you place on it is the value you will give to yourself. As long as you respect yourself and you value who you are, you will get what you aim for and will be victorious over each obstacle that arises.

I'm tired of hearing so many people say, "My life isn't worth anything." The one who says this doesn't believe that he or she was created with the purpose of showing the way and triumphing with their dreams. If you believe that life has no value, none of your actions will have value or be profitable. Your objectives must be reached with your body, heart and mind. This is your life. To win, you must walk with the certainty that you hold yourself in high esteem and that you can achieve anything. Your life is a very valuable diamond. Value it, because everything that you touch will turn into success! You can do it!

FLY HIGH WITH YOUR IMAGINATION ANCHORED IN YOUR DREAMS

Standing by my dream...

FLY HIGH WITH YOUR IMAGINATION ANCHORED IN YOUR DREAMS

Each time that I look back and go over my past, I uncover an endless number of situations that make me wonder how I was ever able to untangle myself from them.

It would be great to have magical solutions! But if were that easy, the successes and victories wouldn't be as enjoyable as when they are earned through effort and faith in action.

We live in a world where everything that is fast, "express," is the name of the game. Unfortunately, the solution for people's problems becomes caught up in that hustle and bustle, which the opportunists of the day then take advantage of by selling their ruses and scams to desperate people. But this is not the case here.

The knowledge of God's existence has always been in me. Ever since my childhood my parents instilled me with that lesson, and it would be difficult to forget it as an adult. Nevertheless, each person must live his or her own experiences.

During my early years as a child, with my mother's problems and her subsequent death at such a young age, and with my adolescence and all its dramas of self-esteem, the last thing that I needed was to wonder if there really was a God that could pull me from the pit where I had sunk so deeply.

It's true that in the most desperate moments one clings to that which he or she most loves. At one time it was my mother's lap; at other times it was my father's legs. But when I began to understand certain things about life, I held on tightly to a dream: to be a singer.

I used to dream of being a vocal artist. There was nothing that could tarnish that desire. And when it came to dreaming, I had no doubt in me at all. I knew that I was going to reach it, and that I had to do the impossible to come out ahead and create a future different from my present.

There I was, before that crowd that was chanting my name. It felt so good! Perhaps it sounds a little egocentric; but as a child, that thought was the only thing that helped me to escape the hard reality that I had to live. Sticking to that dream was what made me forge on through life.

FROM MY HEART TO YOURS

I have known many people with lesser problems than mine who have gone into depression, turned to drugs and alcohol, and who have even resorted to suicide. The big questions during my adolescence and into my young life were, How could I survive? Did only having a dream make me endure? Or was there something else?

One of the things that I always emphasize in the school speeches is that we are not alone. We have always been surrounded by those who want the best for us. It would be very selfish and a bit untrue if I said that I could do it alone. We have our parents, our friends, our teachers; but above all, we have God.

In my own case, I was able to survive and come out ahead by sticking to my dreams with all my might, dreams that had entered my heart from a young age. But there was something else that helped me endure, despite the difficult situations and problems: my trust in God.

This is why I encourage you to fly high with your imagination anchored in your dreams. If you have yet to find your path, don't waste any more time. Now is the moment to find your purpose. You are not here by chance; it is for a reason. You must find that reason, as I found mine.

DISCOVER YOUR PURPOSE

Don't let a single day more go by...

DISCOVER YOUR PURPOSE

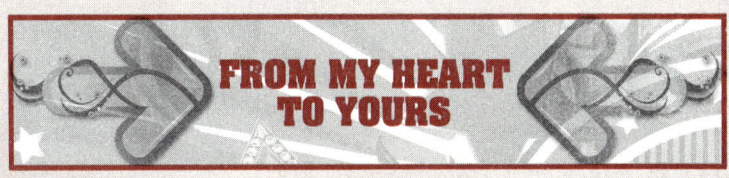

FROM MY HEART TO YOURS

There are people who spend their entire lives wasting time without ever coming to discover their purpose, their path and their calling. They only keep up with the pressing matters of the day, fulfilling their duties and obligations, but they don't stop to find their true potential. These people pass through the world inattentive without leaving a trace of their passage.

But I want to say to you that we were created to leave behind a footprint on this earth so that others may walk in those prints. Life is short, and we are in this world for a passing time. But this does not mean that our dreams are just passing through our lives. With your dreams you are opening a path, setting a precedent, leaving prints.

Many times people hitch on to others who have already created companies, entities and foundations upon their own dreams instead of worrying about and taking care of building their own story in which they, themselves, are protagonists.

The time we have in this life is short, but our days will be long when we manage to take maximum advantage of each and every second and work in the pursuit of our dreams. The only way that you will be able to discover your enormous potential is by putting into practice the faith you have in your dreams and goals.

There were so many times that I found myself in the middle of a distressing situation, and the only thing that saved me, in my mind, was to think of my dream of being a singer!

Wait no longer to discover your purpose on this earth. Don't live on memories, don't cling to others who dreamed and made their dreams come true. Don't live on borrowed experiences. Create your own story. Play the leading role in a successful ending. We are what we think we are going to be, we are our yearning for growth, or we are our own failure. We are the ones who decide if we want to change or to stay as we are. There are no excuses for seeking perfection. While we are aware that as human beings we cannot reach it, we certainly can take the path that leads us in that direction.

The example for me to follow has always been Jesus. And I have come this far thanks to his teachings and his infinite love for me. You and I have been born to win, to triumph and to earn victory. It is all about having the absolute conviction and faith that your dreams belong to you and that they can come true. When you can believe that your dreams have already been fulfilled and that you need only to go after them, you will then manage to achieve them.

If you are going through a distressing situation or a difficult moment in your life, you must know that situation does not belong to you; it is not yours. It is nothing more and nothing less than a bad time you must pass through and then come out as a winner. Life's circumstances do not go on forever. That which is truly eternal and transcendental must be our desire to earn victory and be better with each day. Put in your best effort and be brave. Work hard, use your time wisely and prepare yourself for what you desire. You are the only cause of your success.

God has the power to make possible the impossible and to smash and break your heavy burden and transform it into victory. This truth helped me to stand by God and his promises. It gave me renewed strength and replenished my entire being. When hard times knocked at my door, once and again I would say to myself, "This situation does not belong to me; it did not come here to stay." Then I would address God in this manner: "Lord, you have the power to make possible the impossible, and I believe that victory is already mine." In that way, my problems were left behind. They did not join me on life's path.

Fight. Face problems with the certainty that victory is yours. Look for someone who truly loves you and who is capable of *helping you. Don't be afraid to seek the help of a professional, if necessary.*

Change your way of thinking and of speaking to be able to change your way of living. Yes, you can! You, too, will be a winner.

With a revitalized mind, healthy heart and winner's soul, there's no one who can stop you. And this can only be achieved by changing the way you think.

Develop the virtue that is in you and prepare yourself for excellence. You are what you want to be!

I now leave you with four phrases for you to put into practice. I can assure you that you will go very far if you manage to adopt them.

- *FIND YOUR DREAMS*
- *FOCUS YOUR ENTIRE BEING TOWARD YOUR GOAL*
- *PUT INTO PRACTICE THE POSITIVE ATTITUDE THAT WILL LEAD YOU TO SUCCESS*
- *WINNING MENTALITY, SUCCESS GUARANTEED*

THE SONG OF YOUR LIFE

You, too, have a story to tell, as all of us do. Therefore, I would like to invite you to share with me your own story in the form of a song or verse in this following section that I have entitled "The song of your life."

The story that is selected will be chosen among many others to be published on our Web site. Send your composition to this address: **United Cultures Inc./Justo Lamas Group, 11801 Cottontail Dr. Keller, Texas 76248 USA.**

For the rest of your days… Write the song of your life!

Lyrics:

_____
_____
_____
_____
_____
_____
_____
_____
_____
_____
_____
_____
_____
_____
_____
_____

BE WHAT YOU WANT TO BE

about the author

Over the years and through his songs and message, Justo Lamas has become a voice for the young people of the United States and the world. Thousands of youth are motivated and inspired by his concerts. He has visited more than one thousand schools, and over three million people have seen him perform live. He holds approximately sixty-five concerts per school year, in which a total of nine hundred to one thousand three hundred schools participate. That is to say, for each concert some twenty schools enjoy his show. An average of one thousand to two thousand students of Spanish attend his concerts.

Justo is considered by many to be one of the Latin American singers of greatest influence, helping young North American people to find their dreams. He was decorated by the New York State Association of Foreign Language Teachers with an award for the diffusion of Latin American language and culture through art. Each concert is driven by a motivating message and a constant call to personal growth. It is fascinating to see how he leads the public, carrying them through a variety of emotions that run from laughter to tears.

There are increasingly more teachers, entertainment producers and school authorities who choose to invite Justo to carry out his

BE WHAT YOU WANT TO BE

shows with the aim of delivering his message through his songs and his words for young people, the future of the nation.

His Web site, www.justolamas.com, is visited daily by thousands of people. It is a complete page that not only provides resources so that educators may teach his songs in class but also contains inspiring sections, such as "If I Can, You Can." The page puts forth issues such as drug addiction, alcoholism, bulimia and anorexia. It also offers a vocational self-test where young people who are uncertain about their role in the future may have an idea of what it is they would like to be. Also available is a series of videos and audio-podcasts in English and Spanish entitled *Winners in Action*, where the author shares his message of self-improvement with young people. The media confirms his success and experience, as evidenced by the Web site's "Press Articles" and "Testimonials" sections.

Owing to his work in the United States, Justo's popularity has gone beyond the borders of that country. Today, an increasing number of countries have invited him to perform, including Mexico, Puerto Rico, Venezuela, Colombia, Ecuador, Peru, Bolivia, Costa Rica, Chile, Argentina and others.

Programs developed by Justo Lamas:

CULTURAL TIES

This program's objective is to unite schools of the United States with those of Argentina by participating in cultural exchange. Hundreds of schools have joined in on the experience. In the near future, other countries will adhere to the program as well.

WE ARE WHAT WE WANT TO BE

This project was considered to be of municipal interest by the Florencio Varela Municipality, in Buenos Aires, Argentina. It is a program with a duration of one hour and is held in Argentine schools for students ages fourteen and over. Its main objective is to encourage students to understand that it is possible to achieve what one sets out to do, as long as there is an active desire to achieve it.

GLENCOE/MCGRAW-HILL

Justo Lamas's songs enrich and strengthen the concept of mutual respect. His lyrics aim to rouse US students to fall in love with the Spanish language and culture.
Glencoe/McGraw-Hill publishers, one of the most important in the United States, uses these compositions to open each section of its study book entitled *¿Cómo te va?*
The publisher's Web site may be visited at www.spanish.glencoe.com

PRODUCTIONS

To date, Justo Lamas has carried out ten album productions devoted to his program for the incentive of Spanish language teaching.

CANZION GROUP

Justo Lamas joined CanZion Group, one of the most renowned and respected companies of worship music (or Gospel music) in the Hispanic world. He recorded two albums, *Creo en ti* and *Tocaré el cielo*. These productions are not utilized in the public schools of the United States, as laws prohibit religious proselytism. Nonetheless, they are used in Christian schools and in concerts around the world.

TEACHER'S DISCOVERY

The largest company of school product sales in the United States joined with Justo Lamas to create a series of videos by the author destined for the market of teachers and students of the Spanish language.

ILLUSTRIOUS CITIZEN

In October 2007, Justo Lamas visited the city of Lincoln in Buenos Aires province where he was distinguished as Illustrious Citizen for his cultural work in North American schools, thereby making him an authentic ambassador of his country in the United States.

If you would like to write to Justo Lamas, you may e-mail him at: concerts@justolamas.com

United Cultures Inc./Justo Lamas Group
11801 Cottontail Dr. Keller, Texas 76248 USA
www.justolamas.com

RECURSOS PARA LOS JÓVENES DE HOY

978-1-59979-551-5

978-1-59979-029-4

978-1-59185-519-4

978-1-59979-030-5

978-1-59185-506-4

978-1-59185-925-3

978-1-59185-847-8

978-1-59979-025-1

CASA CREACIÓN
A Strang Company
www.casacreacion.com

Disponibles en su librería más cercana
1-800-978-8432 ◆ 407-333-7117

RECURSOS PARA LOS **JÓVENES** DE HOY

978-1-59979-551-5

978-1-59979-029-9

978-1-59185-519-4

978-1-59979-030-5

978-1-59185-506-4

978-1-59185-925-3

978-1-59185-847-8

978-1-59979-025-1

CASA CREACIÓN
A STRANG COMPANY
www.casacreacion.com

Disponibles en su librería más cercana

1-800-978-8432 ◆ 407-333-7117

CANZION GROUP

Justo Lamas se unió a CanZion Group, una de las compañías de música góspel más conocidas y respetadas en el mundo hispano. Grabó dos discos: *"Creo en ti"* y *"Tocaré el cielo"*. Estas producciones no participan en las escuelas públicas de los Estados Unidos, debido a la ley que prohíbe hacer proselitismo religioso. Sin embargo, sí lo hacen en las escuelas cristianas y en conciertos en todo el mundo.

TEACHER'S DISCOVERY

La compañía de venta de productos escolares más grande de los Estados Unidos se asoció con Justo Lamas para la realización de una serie de videos del autor para el mercado de maestros y estudiantes de español.

CIUDADANO ILUSTRE

En octubre de 2007, Justo Lamas visitó la ciudad de Lincoln en Buenos Aires, donde fue distinguido como "Ciudadano Ilustre" por su labor cultural en las escuelas estadounidenses, convirtiéndose así en un verdadero embajador de su país en los Estados Unidos.

Si deseas escribirle a Justo Lamas, hazlo enviando un correo electrónico a: concerts@justolamas.com

United Cultures Inc./Justo Lamas Group
11801 Cottontail Dr. Keller, Texas 76248 USA
www.justolamas.com

Programas desarrollados por Justo Lamas:

LAZOS CULTURALES

A través de los lazos culturales, tiene como objetivo unir las escuelas de los Estados Unidos con las de Argentina, participando del intercambio cultural. Cientos de escuelas se han sumado a esta experiencia. Y próximamente otros países se adherirán a este programa.

SOMOS LO QUE QUEREMOS SER

Este proyecto fue considerado de interés municipal por la Municipalidad de Florencio Varela, localidad de Buenos Aires, en Argentina. Es un programa de una hora que se realiza en las escuelas de Argentina para estudiantes de 14 años en adelante. Su objetivo es animar a los alumnos a comprender que es posible conseguir lo que uno se proponga, siempre y cuando esté el deseo de lograrlo.

GLENCOE/MCGRAW-HILL

Las canciones de Justo Lamas enriquecen y refuerzan el concepto del respeto mutuo. Sus letras pretenden que los estudiantes estadounidenses se enamoren de la lengua y la cultura española.
La editorial Glencoe/McGraw-Hill, una de las más importantes de los Estados Unidos, utiliza estas composiciones para la apertura de cada sección de su libro de estudio titulado *¿Cómo te va?*. Se puede visitar el sitio web de la editorial en **www.spanish.glencoe.com**

PRODUCCIONES

Hasta el momento, Justo Lamas realizó diez producciones discográficas destinadas a su programa de incentivo de la enseñanza del idioma español.

SÉ LO QUE TÚ QUIERES SER

Su sitio web, **www.justolamas.com**, es visitado diariamente por miles de personas. Es una página completa, que además de contar con recursos para que los maestros enseñen sus canciones en la clase, tiene también secciones motivadoras como por ejemplo: *Si yo pude, tú puedes*. A través de ella, se accede a temas tales como la drogadicción, el alcoholismo, la bulimia y la anorexia. También dispone de un autoexamen vocacional donde los jóvenes que están inseguros sobre su desempeño para el día de mañana, pueden tener una idea de qué es lo que les gustaría ser. Además, tiene disponible una serie de videos y audiopodcast en inglés y español, llamada *Ganadores en Acción*, donde el autor comparte un mensaje de superación a los jóvenes. Los medios de comunicación confirman su éxito y trayectoria. Y, tanto la sección de *Notas de Prensa* como la de *Testimonios de la gente*, son prueba fehaciente de ello.

Debido a su trabajo en los Estados Unidos, su popularidad ha traspasado las fronteras de dicho país; y hoy son cada vez más los países que deciden invitarlo para llevar a cabo sus presentaciones. Ejemplo de ello son: México, Puerto Rico, Venezuela, Colombia, Ecuador, Perú, Bolivia, Costa Rica, Chile, Argentina, entre otros.

acerca del autor

A lo largo de estos años, Justo Lamas se ha transformado, a través de sus canciones y su mensaje, en una voz para la juventud de los Estados Unidos y el mundo. Miles de jóvenes son motivados e inspirados a través de sus conciertos. Ha visitado más de mil escuelas y lo han visto en vivo más de tres millones de personas. Por año escolar, realiza alrededor de 65 conciertos, a los cuales asisten en total entre 900 y 1,300 escuelas. O sea, unos veinte colegios por concierto disfrutan de su espectáculo. A cada una de sus presentaciones, concurre un promedio de 1,000 a 2,000 estudiantes de español.

Es considerado por muchos como uno de los cantantes latinos de mayor influencia, ayudando a los jóvenes estadounidenses a que se encuentren con sus sueños. Fue condecorado por la New York State Association of Foreign Language Teachers con un premio por difundir la lengua y la cultura latinoamericana a través del arte. Cada concierto está impulsado por un mensaje motivador y de superación constante. Es fascinante ver cómo conduce al público, haciéndolo transitar por distintos sentimientos que van desde la risa hasta las lágrimas.

Cada vez son más los maestros, productores de espectáculos y las autoridades escolares que deciden invitarlo para que realice sus presentaciones con el objetivo de impartir su mensaje con sus canciones y sus palabras dirigidas a los jóvenes, el futuro de la nación.

SÉ LO QUE TÚ QUIERES SER

LA CANCIÓN DE TU VIDA

Tú también tienes una historia que contar, pues todos tenemos la nuestra. Por eso, quiero invitarte a que compartas conmigo tu propia historia en forma de canción o verso en esta sección que he dado en llamar "La canción de tu vida".

La historia seleccionada será elegida entre muchas otras para ser publicada en nuestro sitio web. Envía tu composición a esta dirección: **United Cultures Inc./Justo Lamas Group, 11801 Cottontail Dr. Keller, Texas 76248 USA.**

Para el resto de tus días… ¡Escribe la canción de tu vida!

Letra:

LA CANCIÓN DE TU VIDA

DESCUBRE TU PROPÓSITO

Con una mente renovada, un corazón sano y un alma ganadora, no hay quién pueda detenerte. Y eso sólo se logra cambiando tu manera de pensar.

Desarrolla la virtud que hay en ti y prepárate para la excelencia. ¡Eres lo que quieres ser!

Te dejo estas cuatro frases para que las pongas en práctica. Te aseguro que llegarás muy lejos si logras implementarlas:

- ENCUENTRA TUS SUEÑOS

- ENFOCA TODO TU SER HACIA TU META

- PON EN PRÁCTICA EL POSITIVISMO
  QUE TE LLEVARÁ AL TRIUNFO

- MENTALIDAD GANADORA, ÉXITO ASEGURADO

SÉ LO QUE TÚ QUIERES SER

o continuar como estamos. No hay excusas para buscar la perfección; aunque sabemos que, como seres humanos, no podemos alcanzarla, pero sí transitar el camino hacia ella.

Mi ejemplo a seguir siempre ha sido Jesús. Y he llegado hasta aquí gracias a sus enseñanzas y su infinito amor para conmigo. Tú y yo hemos nacido para ganar, para conquistar y obtener el triunfo. Todo se trata de tener la convicción absoluta y la fe de que tus sueños te pertenecen y se pueden concretar. Cuando puedas creer que tus sueños ya están cumplidos y que sólo tienes que ir por ellos, entonces lograrás alcanzarlos.

Si estás atravesando una situación de angustia o un momento difícil en tu vida, debes saber que esa situación no te pertenece, no es tuya. No es ni más ni menos que un mal momento por superar y ganar. Las circunstancias no son eternas. Lo realmente eterno y trascendente deben ser nuestras ganas de obtener la victoria y ser mejor cada día. Esfuérzate y sé valiente. Trabaja duro, utiliza bien el tiempo y prepárate en lo que anhelas. Tú eres el único causante del éxito.

Dios tiene poder para hacer posible lo imposible, y para romper y quebrar tu pesado yugo transformándolo en victoria. Esta verdad me ayudó a aferrarme a Dios y a sus promesas. Me dio nuevas fuerzas y renovó todo mi ser. Una y otra vez, me repetía a mí mismo cuando las dificultades tocaban a mi puerta: "Esta situación no me pertenece, no vino para quedarse". Luego, le pedía a Dios de esta manera: "Señor, tú tienes el poder para hacer posible lo imposible, y creo que la victoria ya es mía". De esta manera, los problemas quedaban atrás. No me acompañaron en el camino de la vida.

Lucha, enfrenta los problemas con la certeza que la victoria ya es tuya. Busca a alguien que te ame de verdad y que esté en condiciones de ayudarte. No tengas temor de buscar la ayuda de un profesional si fuera necesario.

Cambia tu forma de pensar y hablar para poder cambiar tu manera de vivir. ¡Sí puedes! Tú también serás un conquistador.

DESCUBRE TU PROPÓSITO

DE MI CORAZÓN AL TUYO

Hay gente que se pasa toda la vida desperdiciando el tiempo sin llegar a descubrir su propósito, su camino y su vocación. Sólo corre detrás de las urgencias, cumple sus deberes y obligaciones, pero no se detienen a encontrar su verdadero potencial. Esas personas pasan inadvertidas por el mundo sin dejar huellas a su paso.

Pero yo quiero decirte que fuimos creados para dejar una huella en esta tierra y que otros caminen sobre ella. La vida es corta y estamos temporalmente por el mundo. Pero eso no quiere decir que nuestros sueños estén de paso por nuestra vida. Con tus sueños, estás abriendo un camino, marcando un precedente, dejando huellas.

Muchas veces, la gente se engancha de aquellos que con sus sueños formaron empresas, entidades y fundaciones, en lugar de preocuparse y ocuparse en armar su propia historia, donde los protagonistas sean ellos mismos.

El tiempo que tenemos en esta vida es corto, pero nuestros días serán largos cuando logremos aprovechar al máximo cada segundo y trabajemos en pos de nuestros sueños. De la única manera que vas a poder descubrir tu enorme potencial, es ejerciendo la fe que tienes en tus sueños y metas.

¡Cuántas veces cuando me encontraba en medio de una situación de angustia, lo único que me hacía salir en mi mente de esa situación, era pensar en mi sueño de ser cantante!

No esperes más para descubrir tu propósito en esta tierra. No vivas del recuerdo, no te adhieras a otros que soñaron y concretaron sus sueños. No tengas vivencias prestadas. Crea tu propia historia. Sé el protagonista de un final exitoso. Somos lo que pensamos que vamos a ser; somos nuestras ganas de crecer o nuestro propio fracaso. Somos dueños de decidir si queremos cambiar

81

No dejes pasar un día más...

SÉ
LO QUE TÚ QUIERES SER

DESCUBRE TU PROPÓSITO

SÉ LO QUE TÚ QUIERES SER

DE MI CORAZÓN AL TUYO

He conocido a muchos que, con problemas menores que los míos, han entrado en depresiones, drogas, alcoholismo, y hasta han llegado al suicidio. La gran pregunta durante mi adolescencia y entrada la juventud fue: "¿Cómo pude sobrevivir? ¿Sólo tener un sueño me hizo permanecer? ¿O acaso hubo algo más?".

Una de las cosas en la que siempre hago hincapié en los discursos en las escuelas, es que "no estamos solos". Siempre estamos rodeados de quienes quieren lo mejor para nosotros. Sería muy individualista y poco certero si dijera que yo solo pude hacerlo. Tenemos a nuestros padres, nuestros amigos, nuestros maestros; pero sobre todo, tenemos a Dios.

En mi caso particular, pude sobrevivir y salir adelante aferrándome con todas mis fuerzas a los sueños que, desde temprana edad, habían arribado a mi corazón. Pero hubo algo que me permitió permanecer, a pesar de las situaciones difíciles y los problemas: mi confianza en Dios.

Es por este motivo que te animo a que vueles alto con tu imaginación anclada en tus sueños. Si no encontraste todavía tu rumbo, no pierdas más tiempo. Es hora de encontrar tu propósito. No estás aquí por casualidad, sino por un motivo. Tu deber es descubrirlo como yo encontré el mío.

VUELA ALTO CON TU IMAGINACIÓN ANCLADA EN TUS SUEÑOS

Cada vez que miro hacia atrás y reviso mi pasado, me encuentro con un sinfín de situaciones que me impulsan a reflexionar cómo pude salir de ellas.

¡Qué fantástico sería dar soluciones mágicas! Pero si fuera así de fácil, los éxitos y las conquistas alcanzadas no se disfrutarían tanto como cuando uno las consigue en base al esfuerzo y la fe en acción.

Estamos inmersos en un mundo donde todo lo rápido, lo que es "express", está a la orden del día. Y la solución para los problemas de la gente también ha entrado en esta vorágine, que es aprovechada por los oportunistas de turno para vender sus "espejitos de colores" a la gente desesperada. Pero éste no es el caso.

El conocimiento de la existencia de Dios siempre estuvo en mí. Desde mi niñez, mis padres me inculcaron esa enseñanza y difícilmente esto se me olvidaría de adulto. Pero, más allá de eso, uno tiene que experimentar sus propias vivencias.

Durante mis primeros años de niño, con los problemas de mi madre y su posterior fallecimiento siendo ella tan joven, y mi adolescencia, con mis dramas de autoestima, en lo último que podía pensar es si realmente existía un Dios que me pudiera sacar del pozo donde me encontraba.

Es cierto que en los momentos de desesperación, uno se aferra a lo que más quiere. Alguna vez fue el regazo de mi madre; otras, las piernas de mi padre. Pero cuando ya empecé a entender algunas cosas de la vida, me aferré fuertemente a un sueño: el de ser cantante.

Yo soñaba con ser un artista de la canción. No había situación que empañara ese deseo. Y no había duda alguna en mí cuando se trataba de soñar. Sabía que lo iba a alcanzar, y que debía hacer lo imposible para salir adelante y crear un futuro distinto a mi presente.

Allí me encontraba yo, frente a aquella multitud que coreaba mi nombre. ¡Qué bien se sentía eso! Tal vez parezca algo egocéntrico; pero cuando niño, ese pensamiento era lo único que me hacía escapar de la realidad tan dura que me tocaba vivir. Y aferrarme a este sueño fue lo que me hizo persistir en la vida.

SÉ
LO QUE TÚ QUIERES SER

Aferrado a mi sueño...

MI VIDA, UN CHEQUE EN BLANCO

La vida que tenemos es de mucho valor. Nada ni nadie debe impedirnos vivirla plenamente, cumpliendo el propósito para el cual fuimos creados. ¡Anímate! Si estás atravesando un mal momento, aférrate a estas palabras. Abre tu corazón y habla con tus padres, tus maestros, tus consejeros o pide ayuda a algún profesional. Yo te aseguro que saldrás victorioso y fortalecido. Y serás testigo que venciste una gran batalla.

Tu vida es un cheque en blanco. El precio que le pongas es el valor que te darás a ti mismo. En la medida que te estimes y te valores, conseguirás lo que te propongas y vencerás cada obstáculo que se presente.

Me he cansado de escuchar de la boca de muchos: "Mi vida no vale nada". Quien afirma esto, no está creyendo que fue creado con el propósito de señalar un camino y triunfar con sus sueños. Si tú crees que la vida no tiene valor, ninguna de tus acciones tendrá valor o producirá ganancia. Alcanzarás tus objetivos con tu cuerpo, corazón y mente. Esto es "tu vida". Para ganar, tienes que caminar con la certeza de que tú eres de alta estima y que todo lo puedes lograr. Tu vida es un diamante de gran precio. ¡Valórala, pues todo lo que toques se convertirá en un éxito! ¡Tú puedes hacerlo!

SÉ LO QUE TÚ QUIERES SER

Estados Unidos. Encontré allí datos para tener seriamente en cuenta.

Según las estadísticas que emergen en el año 2000, el suicidio fue la tercera causa de muerte entre jóvenes de diez a diecinueve años. Fallecen por año más preadolescentes por suicidios que de otras enfermedades terminales como el cáncer, ataques de corazón, sida o enfermedades crónicas. Pero estas cifras han ido en aumento hasta un 70 por ciento desde 1981 hasta el 2000.

La mayoría de los adolescentes entrevistados tras un intento de suicidio, dice que tomaron una decisión tan radical, al sentirse incapaces de afrontar una situación imposible o difícil de superar, o bien, porque deseaban acabar definitivamente con los pensamientos y sentimientos que los atormentaban.

Algunas personas, pretendiendo escapar de sentimientos de rechazo, dolor o pérdida, ponen fin a su vida o intentan suicidarse. Otros, se sienten enfadados, avergonzados y culpables por alguna situación. O quizás, sólo les preocupa no decepcionar a sus familiares y amigos. No quieren ser una carga para los demás. Desde aquel momento, nació en mi interior el deseo de compartir un mensaje real y lleno de vida con los jóvenes. Por este motivo, expongo mi vida personal, mis experiencias, mis momentos difíciles para ponerme como ejemplo de que se puede salir adelante. Aunque todo grite que no, la salida es posible.

Hay una frase maravillosa que dice que Dios no permite que afrontemos un problema que no podamos solucionar. No existe situación alguna que no tenga una salida. Tú y yo tenemos la capacidad y las herramientas para salir adelante. Tenemos un destino eterno y sueños por descubrir. Debemos luchar por nuestros sueños.

MI VIDA, UN CHEQUE EN BLANCO

En los Estados Unidos, existen muchas casas editoras de libros escolares, pero una es líder en la materia, y se llama Glencoe/McGraw-Hill.

Al enterarse de la revolución que se estaba produciendo en las escuelas a raíz de los conciertos que daba, no quiso estar ajena a este emprendimiento y me hizo un ofrecimiento inédito: publicar mis canciones al comienzo de cada unidad de un nuevo libro que dicha compañía editaría en el mercado educativo. El mismo se llamaría "¿Cómo te va?". La presentación del libro se realizó en Washington, DC, y continuó con una gira por Tennesee, Pennsylvania, New York, California, Ohio, Florida y Texas. El éxito del libro fue arrollador. No tardó mucho tiempo en convertirse en uno de los libros más vendidos en el mercado de maestros de español de Middle School en los Estados Unidos.

Sin embargo, un buen día del año 2001, algo sucedió en mi vida y en la de mi esposa que marcó a fuego nuestra manera de ver y encarar los sueños que estábamos logrando alcanzar con tanto esfuerzo y sacrificio. Habíamos dejado atrás nuestros seres queridos, nuestro país y su gente. Jesús había llegado a nuestra vida. Nos enamoramos de Él. Y sus enseñanzas cambiaron nuestro corazón para siempre.

En mis conciertos, siempre menciono que no estamos solos. Y también hablo de la importancia de encontrar cuál es nuestro propósito en esta tierra, en esta vida. Muchos me preguntan cómo hacer para encontrar su propósito; y yo les contesto que ese propósito tiene que ver con tus sueños, con lo que te apasiona hacer. Al cumplir tus sueños, estás cumpliendo con tu propósito en la tierra, para qué y por qué fuiste creado. Tú y yo no estamos en esta tierra por casualidad, sino por una razón. El encontrar esa razón es tu responsabilidad. No estás aquí para pasar desapercibido, sino para marcar un destino, impactar a tu familia, tus amigos, tu ciudad, tu país y el mundo. Eso se logra cumpliendo tus sueños de la mano de Jesús.

Un día, al preparar mi mensaje antes de comenzar la gira, investigué en la Internet sobre las problemáticas de los jóvenes en los

71

**De ti depende el precio
que le pones a tu vida.**

SÉ
LO QUE TÚ QUIERES SER

MI VIDA, UN CHEQUE EN BLANCO

SÉ LO QUE TÚ QUIERES SER

2. Reúne información. *El conocer todos los detalles, reuniendo toda la información que poseas acerca del asunto sobre el cual debes decidir, te permitirá tomar una decisión acertada.*

3. Evalúa todas las opciones y elige la mejor decisión. *La mejor opción siempre tiene que estar ligada a tu esencia, a tus sueños. Nunca pierdas el objetivo de tu meta, a dónde quieres llegar; y desde ese lugar, elije. No te distraigas con las opciones inmediatas y momentáneas. Concéntrate en aquellas que te den sentido de trascendencia, recuerda que tus sueños van mas allá de lo que hoy puedes ver o tocar. Tu "propósito-sueño", tiene que ver con lo divino, es por eso que tienes que optar por la opción que te dé trascendencia, y así tus sueños marcaran un camino, dejarán una huella y producirán la diferencia.*

el mensaje, ella había pensando en suicidarse; pero luego, al decir que todo problema tenía solución, y que uno podía sobreponerse a las situaciones adversas, se había dado cuenta que de ella dependía marcar la diferencia. Había tomado la decisión de convertirse en una médica que viajara a otras latitudes para salvar la vida de las personas. Esa respuesta me hizo dar cuenta que debía cambiar mis letras e involucrarme en la problemática de los jóvenes para poder alcanzarlos con mi mensaje. Debía ayudarles a salir de las dificultades.

Yo también había llegado a una nueva etapa en mi vida en la que era necesario afinar el oído y ser sensible a las necesidades de las personas. Sólo así podría ayudarles.

El avanzar es fundamental para enfrentar la vida, pero también es imprescindible entrar a "las casillas" para revisar si todo está en orden y así continuar la carrera y llegar a la meta.

Si quieres ser el número uno, debes aprender a tomar decisiones y estar atento a las necesidades de los que te rodean. De esta forma, lograrás crecer y te extenderás a lugares que nunca antes pensaste alcanzar.

Querido amigo o amiga, tanto en lo comercial como en lo personal, nuestra vida permanentemente está rodeada de elecciones que debemos realizar. Por este motivo, debes saber que tomar una decisión equivocada, trae consigo frustración, pérdida de tiempo y debilidad. Necesitas optar por la decisión correcta.

Permíteme ofrecerte algunas consideraciones que te ayudarán en las decisiones de vida que tendrás que hacer:

1. Fija objetivos. *Es importante que determines objetivos bien precisos una vez que te hayas encontrado con tus sueños. Al establecer objetivos, estarás orientado hacia tu meta.*

SÉ LO QUE TÚ QUIERES SER

social en el planeamiento del mensaje a los estudiantes, causaría un impacto entre los jóvenes que no podía dejar pasar.

Abordar al avión en Buenos Aires fue toda una experiencia. La familia siempre nos acompañó en esta decisión. Así que nos despedimos en el Aeropuerto de Ezeiza, en Buenos Aires, con muchos abrazos. Ellos nos acompañaron durante todo el proceso de adaptación.

El apartamento que habíamos alquilado, estaba completamente vacío. Los pocos ahorros que teníamos, los usamos para hacer algunas refacciones y comprar los muebles indispensables como para instalarnos. La recorrida que hicimos por los lugares de venta de muebles hizo batir el récord en el millaje de nuestro automóvil. Necesitábamos reducir los gastos al máximo. Hasta recogimos de la calle dos sillas color azul. No sé si fue la necesidad o qué, pero esas sillas quedaban preciosas en nuestro pequeño *living*.

Mi carrera creció de forma acelerada. La apuesta a mis sueños fue total desde ese momento. Ya no había vuelta atrás. Se trataba de triunfar o morir en el intento. Ese año, tuvimos treinta y cinco conciertos en todo el país; y al año siguiente, setenta y seis. Lo más asombroso sucedió en la siguiente temporada, entre el 2004 y el 2005, donde tuvimos más de cien conciertos.

La necesidad de cantar era tal, que no me cansaba. Parecía como que tenía una batería que nunca se agotaba. Las experiencias vividas en cada concierto confirmaban que los jóvenes precisaban escuchar otro mensaje más allá de los temas de amor.

Recuerdo el concierto que dimos en una escuela llamada Parkersburg High School, en West Virginia. De repente, comencé a hablarles a los estudiantes acerca de los problemas, diciéndoles que toda situación tiene solución. Continué afirmando que nada es imposible. Al terminar de dar mi discurso, no sabía por qué les había mencionado eso; pero en mi interior, estaba seguro que no había sido en vano.

Lo maravilloso fue que al regresar a casa, me encontré con una gran sorpresa. Chequeando mi correo electrónico, había encontrado un e-mail de una estudiante que decía que antes de escuchar

TOMAR DECISIONES, LA CLAVE DEL ÉXITO

En los Estados Unidos, mi carrera fue creciendo; y casi sin darme cuenta, me convertí en un gran aliado de los maestros de español, motivando a los jóvenes y adolescentes estadounidenses a que estudiaran este idioma y se enamoraran de la cultura hispana, de la cual muy poco conocían.

Los conciertos educativos comenzaron a ser conocidos en todo el país. La noticia impactó de tal modo, que distintas instituciones de lenguas extranjeras de los Estados Unidos, como ACTFL (American Council on the Teaching of Foreign Languages), AATSP (American Association of Teachers of Spanish and Portuguese), TFLA (Texas Foreign Language Association), y NECTFL (Northeast Conference on the Teaching of Foreign Languages), comenzaron a invitarme para realizar los conciertos.

Así que en el año 2001, tuve que tomar la determinación de mudarme una vez más. Pero esta vez, a los Estados Unidos. La razón era simple y lógica: si quería que este emprendimiento creciera y se desarrollara, debía estar en el lugar. Todo avanzaba a pasos agigantados.

En ese tiempo, estaba de novio con Evangelina Scarabino, quien hoy es mi esposa. La decisión que tomé fue difícil, ya que los planes de casamiento estaban recién cobrando forma. Pero, afortunadamente, Eva supo interpretar el momento que estaba viviendo. Entonces, aceleramos los planes de casarnos y nos fuimos a vivir a Lewisville, una ciudad ubicada a media hora de Dallas, en Texas.

Mi esposa se convirtió, con el tiempo, en una pieza fundamental y vital de este movimiento que estaba apenas naciendo. Eva no dudó en dejar su trabajo en Buenos Aires, donde ejercía como trabajadora social en un Juzgado de Menores; y también, cerró su instituto de danzas al que asistía un gran número de alumnas. Ella aplicó la danza en mis conciertos, y a través del movimiento, los estudiantes podían aprender, entre otras cosas, las partes del cuerpo.

Eva siempre comentó que no dudó en cancelar sus obligaciones en Argentina y acompañarme. Ella percibía internamente que algo muy grande estaba por suceder y que su aporte como trabajadora

Escucha las necesidades ajenas,
principio de un líder.

SÉ
LO QUE TÚ QUIERES SER

TOMAR DECISIONES, LA CLAVE DEL ÉXITO

SÉ LO QUE TÚ QUIERES SER

El sueño de mi madre fue tener a mi papá nuevamente a su lado. En ningún momento, su ánimo y esperanza decayeron; y mucho menos su fe. Mantuvo viva la confianza de que su esposo regresaría a ella. Siempre supo poner a prueba su FE EN ACCIÓN. Digo en acción porque en ningún momento ella se quedó de brazos cruzados. Al contrario, cada vez que mi papá venía a casa, lo esperaba con su rostro sonriente y con su mejor vestido, sin pensar siquiera que luego regresaría a casa con otra mujer. Ella me enseñó que tienes que luchar por lo que realmente amas. Debes concentrarte con fuerza en ello, sin reparar en lo negativo, sino sólo el deseo genuino de alcanzar lo que anhelas.

Mi madre atravesó situaciones extremas, pero gracias a su entereza y perseverancia, hoy puedo expresarte que no existe problema en el mundo que pueda obstaculizar tu futuro. En esas circunstancias difíciles, es donde puedes ver que no estás solo, Dios está contigo dándote fuerza, ánimo y fortaleciendo tu espíritu para hallar la salida. Con esa actitud, debes enfrentar la vida. Aprende, crece y adquiere las herramientas necesarias para alcanzar tus sueños.

LUCHA POR LO QUE AMAS

A principios del año 1990, mi padre decidió volver con mi mamá. Estábamos muy contentos de tener nuevamente a nuestros padres juntos. Una prima de mi madre -Mabel Gutiérrez-, me contaba que durante tres meses, ellos vivieron como una segunda luna de miel. Todo lo que habían planeado de novios, parecía volver a la normalidad. Ellos pensaban permanecer juntos pasara lo que pasara…

Era una tarde soleada. Mi madre había acudido al médico, debido a algunas irregularidades en su período menstrual. Al regresar, mi padre le preguntó cómo le había ido con la cita. Así que mirándolo fijamente a los ojos, y sin ningún preámbulo, mi madre le comunicó que padecía cáncer. Sin embargo, agregó que se quedara tranquilo, que todo estaría bien. Papá no sabía qué hacer; pero ante la confianza de mi madre, la acompañó durante todo el proceso.

Un año después, el 4 de agosto de 1991, mi madre falleció de cáncer en el cuello del útero a la temprana edad de cuarenta años. Durante todo ese tiempo, mi madre me impregnó de muchas enseñanzas de vida, cómo sobreponerse a la adversidad y ser feliz en medio de la tormenta.

Definitivamente, este suceso significó el cierre de un capítulo en mi vida y el comienzo de una nueva etapa. A los diecisiete años, tuve que afrontar la pérdida de mi madre, pero con el legado de saber que me deparaba un futuro colmado de éxitos y alegrías, porque así lo creía y lo deseaba.

DE MI CORAZÓN AL TUYO

Recuerdo la frase de un libro precioso, la Biblia, que me acompaña hasta el día de hoy: "No es que ya lo haya conseguido todo, o que ya sea perfecto. Sin embargo, sigo adelante, esperando alcanzar aquello para lo cual Cristo Jesús me alcanzó a mí". Siempre hay un paso más para avanzar y terreno por conquistar. No te detengas, aprovecha tu potencial al máximo. Y recuerda que siempre lo mejor está por venir.

Juntos otra vez…

SÉ
LO QUE TÚ QUIERES SER

LUCHA
POR LO QUE AMAS

SÉ LO QUE TÚ QUIERES SER

Entonces, me di cuenta que realmente no era un impedimento para obtener mis sueños. Muy por el contrario, me aferré a ellos y me dije que si yo había nacido para cantar y si éste era mi propósito por cumplir aquí en la tierra, mi tartamudez se tendría que ir. Con el paso del tiempo, este problema desapareció completamente.

¡La tartamudez no es ningún chiste! Por eso, es muy importante que sepas que no estás solo. Hay mucha gente que entiende lo que te ocurre y desea ayudarte. Tartamudear no es tu culpa. Pero sí es primordial que tu mamá, tu papá y todos los que te rodean se informen acerca de la tartamudez. Cuanto más conozcan sobre el tema, te comprenderán y podrán servirte de gran apoyo.

Mi consejo es que te apegues a tus sueños y busques un profesional que te asista y ayude a encarar este problema que tiene solución. Tú también puedes ser uno más de la lista de miles de personas que se atrevieron y vencieron la tartamudez.

UN OBSTÁCULO NO IMPIDE EL ÉXITO

Sin embargo, mientras todavía luchaba con esta debilidad que me producía tanto temor, la tartamudez cobraba mayor notoriedad. Esta situación me entristecía y hacía que me retrajera aún más con los que me rodeaban por vergüenza al ridículo.

Se calcula que hay aproximadamente cuarenta millones de tartamudos en el mundo.

Según las estadísticas, el 5 por ciento de los niños de la población mundial puede sufrir de tartamudez. Permíteme que diga sufrir, ya que muchos de ellos conviven con esta dificultad tan importante para comunicarse.

Todavía no se ha determinado a ciencia cierta cuáles son las causas que producen el tartamudeo. Algunos estudios afirman que es el resultado de la interrelación entre factores biológicos, psicológicos y sociales. Otros, en cambio, se concentran más en el factor psicológico y sostienen que la ansiedad influye de forma determinante en el habla de los niños.

Algunas pautas educativas poco correctas también pueden causar tartamudez. La presión sobre el niño en cuanto a su forma de hablar le puede provocar ansiedad y, consecuentemente, dar paso a tartamudear. Por todo esto, es fundamental que tengas en claro que esta dificultad en el habla no es una enfermedad.

DE MI CORAZÓN AL TUYO

Si estás atravesando este problema, quisiera compartir contigo una frase que escuché hace tiempo. Me ha dado ánimo y valor: **"Tartamudo, obstáculo que no impide el éxito".**

Esta expresión me ayudó mucho y comencé a investigar si había personas exitosas que eran o habían sido tartamudas. Para mi sorpresa, encontré todos estos nombres famosos: Tiger Woods, Bruce Willis, Julia Roberts, Anthony Quinn, Marilyn Monroe, Mark Anthony y otros tantos más.

SÉ LO QUE TÚ QUIERES SER

DE MI CORAZÓN AL TUYO

Booker T. Washington nació en la época de la esclavitud en los Estados Unidos. Todos los recursos que la sociedad blanca tenía a su disposición le fueron negados. Sin embargo, nunca permitió que esto le impidiera buscar su verdadero potencial. Fundó el Instituto Tuskegee, y la National Black Business League [Alianza Nacional para Asuntos de los Negros]. Washington dijo: "Aprendí que el éxito debe ser medido no por la posición que uno haya alcanzado en la vida, sino por los obstáculos que se hayan superado tratando de tener éxito".

Tú sabes, al igual que yo, que la lucha por alcanzar lo que deseas no es fácil; y mucho más cuando estás a punto de vencer el obstáculo que te hará libre y sentirte seguro de ti mismo y de tus sueños. Cualquier obstáculo puede ser vencido. Las personas que han alcanzado el éxito, te lo pueden decir.

Tu vocación, el encontrar tu don, es algo trascendental; porque de esto trata tu propósito en esta tierra. Hay un momento en la vida donde te encuentras frente a frente con ese tesoro tan preciado que llevas dentro de ti: tus sueños. Es un tiempo crucial en el que tienes que tomar la decisión de aferrarte o no a ellos. Esta decisión marcará tu vida para siempre.

Algunos ni siquiera llegan a descubrir su talento, porque tienen su mirada en el don del otro y no en sí mismos. No te preocupes si todavía no descubriste tus sueños, siempre tenemos una segunda oportunidad.

Pero sí es importante que definas cuáles son las habilidades que debes mejorar y cuáles son los obstáculos que te están impidiendo seguir adelante. Una vez que los hayas identificado y trabajado en ellos, organiza un plan de trabajo y anota las tareas por prioridad. Toma el camino hacia la meta, paso a paso. No te distraigas ni te desvíes, pues la vida es muy corta y debes aprovecharla al máximo cumpliendo todo cuanto desees.

UN OBSTÁCULO NO IMPIDE EL ÉXITO

estaba persuadido de seguir adelante con mi desafío. Había memorizado cada verso y cantaba la canción con total seguridad.

Finalmente, llegó el día de la celebración. Todos estábamos vestidos para la ocasión. Los padres estaban ansiosos por ver a sus hijos actuar.

La fiesta de Navidad ya había comenzado, pero para mi participación aún faltaban algunos minutos. Cuando apenas quedaban diez minutos para salir a escena, tuve la sensación de que todos los ojos se posaban sobre mí. Parecía que todo se movía a mi alrededor mientras yo permanecía inmóvil, observando a todo el mundo pasar delante de mi vista. Vacilante, empecé a transpirar. Algún psicólogo definiría mi estado como de miedo escénico. Realmente, lo ignoraba. Lo único que sabía era que debía abandonar aquel lugar. Quería escaparme; y así lo hice. Me escondí en el baño y luego huí hacia el parque hasta que terminó la obra. De más está decir que, tanto la directora de la obra como mis padres, me buscaron por todas partes y no me hallaron.

La oportunidad que tanto había esperado para vencer mi timidez, se me escurría como agua entre los dedos.

La próxima obra que se presentó en la iglesia, se trató acerca de un soldado que debía cantar en plena guerra. Para mi asombro, me preguntaron si quería componer el personaje y cantar. Esta vez, con voz segura, contesté que sí lo interpretaría. Entonces, solicité una ametralladora de juguete para tener entre mis manos mientras cantaba, ya que se me dificultaba ocultar mis nervios con el movimiento de las manos. Cuando llegó el estreno de la obra, canté de pie, duro como una roca y colorado como un tomate. Cuando todo terminó, sabía que no había sido mi mejor papel, pero tenía la certeza que le había dado un golpe bajo a la timidez.

SÉ LO QUE TÚ QUIERES SER

El director de música, Ricardo Riso, se percató de mi talento y de lo que, con el tiempo, se convertiría en mi pasión. Detuvo los cánticos y me pidió que yo los dirigiera. Mi corazón palpitaba precipitadamente. Sentía los ojos de los asistentes clavados en mi cara. El sudor corría por todo mi rostro, el cual se enrojecía a prisa. Sin embargo, comencé a cantar. Toda la congregación aplaudió y me alentó. Era la primera vez que cantaba delante de tantas personas. Nadie podía imaginarse que el niño tímido e introvertido que era, podía cantar.

El domingo siguiente, no quise sentarme en el primer banco. Así que me escondí entre el gentío. Pero de todos modos, el director me llamó al frente. Mis piernas temblaban tanto, que parecían moverse al ritmo de los temas de Elvis Presley. Canté nuevamente, pero mi voz temblaba a tal punto, que el sonido era como el de una cabra.

Los nervios y la vergüenza de estar delante de tanta gente me estaban jugando una mala pasada. Ese día, le dije a mi mamá que hablara con Riso y que le pidiera que nunca más me llamara al frente. De lo contrario, dejaría de concurrir a la iglesia. Mi madre hizo lo que le solicité.

Pasaron unos meses, y en la iglesia se estaban haciendo los preparativos de Navidad. Yo sabía que necesitaban a alguien que cantara una canción. Entonces, aproveché la oportunidad para ir a hablar con Marta Presta, esposa del pastor y pianista de la iglesia. Le compartí que quería ser quien cantara esa canción. Sabía que ése era el momento preciso para dar el primer paso hacia mi sueño.

En la obra, tenía que interpretar uno de los temas como solista. Me había preparado como nunca. El tema era de un compositor argentino llamado Facundo Cabral. El estribillo decía: "Vuela bajo, porque abajo está la verdad". De alguna manera, sabía que cantar era mi destino y que debía vencer mi timidez.

Tan sólo tenía once años y sabía tocar algunos acordes con la guitarra. Así que, en casa, practicaba en mi dormitorio mirándome al espejo. Necesitaba convencerme que era un acto sencillo. Nada pasaría. Pero por momentos, el temor me invadía. Sin embargo,

UN OBSTÁCULO NO IMPIDE EL ÉXITO

Vez tras vez, se escuchaba al unísono en la clase de 3er año, 3ra división del colegio Nacional la frase: "¡Se puso colorado!". La directora del establecimiento, Mabel Pérez, entraba al salón y delante de todos mis compañeros con un tono casi burlón decía: "Justoooooo, Justooooo". Mis mejillas se enrojecían a causa de la vergüenza que la situación me ocasionaba. Entonces, mis compañeros muy amorosos canturreaban la canción más odiada de mi vida.

¡Cuántas cosas se han escrito sobre el tema de la timidez! Especialistas en la materia y hasta libros de autoayuda han permitido entender el por qué de los temores. Indudablemente, esos libros jamás llegaron a mis manos, pues yo era un chico extremadamente tímido.

A esto, se le sumaba el acné que tenía en mi rostro. Antes de ir al colegio, reventaba los granitos que me aparecían cada día. Esto me causaba muchos complejos delante de mis compañeros, quienes me habían apodado "Choclo", por los granos del maíz.

Imagínate cómo me veía y sentía. Era muy delgado, tímido, tartamudo y repleto de granos. Quizás se podría pensar que a causa de mi tartamudez, mi comportamiento era introvertido. Sin embargo, la timidez tenía bastante tiempo; el problema en el habla sólo acentuó lo que ya era parte de mi personalidad.

En cambio, mi hermano era súper extrovertido. Y cuando yo tenía alrededor de diez años de edad, percibía la diferencia. Él contaba con la aprobación de la gente; y la aceptación de la familia y amigos era notablemente distinta que conmigo.

La mayoría de las personas acepta a quien sobresale; y son atraídas por quienes demuestran una personalidad sin prejuicios. Esto atrae las miradas de todos. Allí me di cuenta que con mi timidez no llegaría a ninguna parte. No sólo me frenaba en alcanzar mis sueños, sino que debía vencer este problema.

En aquella época, comencé a sentarme en el primer banco de la iglesia. Cuando llegaba el momento de los cánticos, yo me destacaba por cantar fuerte.

SÉ
LO QUE TÚ QUIERES SER

> Mi timidez y tartamudez...

PROGRAMA TU MENTE PARA EL CAMBIO

"Cambia todo cambia", como dice una canción que se canta en mi país. Las compañías se fusionan, la economía sube y baja; cambian los estilos de música tanto como los peinados de moda. En realidad, nada dura demasiado. Todo toma otro rumbo, color y forma. Por eso, es necesario e imprescindible entender y aceptar que así será siempre. No puedes luchar contra eso. Si no te subes al tren y tratas de adaptarte sacando ventaja con tus excelentes condiciones, entonces te quedarás afuera.

Programa tu mente para el cambio. Un cambio que es firme y te lleva a enfrentar nuevos retos, a utilizar tus talentos y dirigirte hacia la conquista.

SÉ LO QUE TÚ QUIERES SER

Finalmente, los directivos del colegio me cambiaron con mis antiguos compañeros. Me sentí más confiado y relajado.

Al terminar tercer grado, mis padres estaban intentando arreglar su relación, entonces nos mudamos otra vez a Quilmes. Allí comencé el cuarto grado en la escuela pública número 83, donde concluí mis estudios primarios. Esos tres años no fueron fáciles para mí. Mi problema de tartamudez era evidente, y debía adaptarme a una nueva escuela.

Pero cuando tenía trece años, mis padres se separaron nuevamente, y las mudanzas continuaron una tras otra, mientras cursaba el colegio secundario. Cada vez que lograba adaptarme a un nuevo grupo de amigos, un cambio amenazaba abruptamente mis relaciones.

DE MI CORAZÓN AL TUYO

Como observarás, nunca he podido echar raíces en un lugar. Mi vida ha sido un verdadero peregrinar de aquí y de allá, hasta el día de hoy.

El mundo en que vivimos nos lleva a una constante readaptación. El que no acepta este cambio y se adapta al mismo, no sólo se queda afuera del camino, sino que pierde la posibilidad de crecer. Por eso, necesitas enfrentar la vida siendo capaz de adaptarte y no enojarte cuando las situaciones irrumpen en tu comodidad y confort. La única manera de seguir creciendo es atreverte a salir, en forma constante, de tu mundo cómodo y rutinario para buscar nuevos desafíos. Estos cambios te harán pasar del lugar donde tienes todo bajo control, a otro nuevo para conquistarlo. Si quieres que tu vida ascienda otro escalón más en la escalera hacia el éxito, entonces debes reprogramar tu mente y usar tus instintos y conocimientos para dominar los cambios. Si no aprendes a sacarles provecho, éstos terminarán contigo.

PROGRAMA TU MENTE PARA EL CAMBIO

La vida de un niño no ha de ser fácil si convive con constantes readaptaciones producidas muchas veces por las mudanzas y cambio de escuelas. Suena exagerado, pero según los psicólogos las mudanzas son comparadas con el duelo que las personas atraviesan después de la perdida de un ser querido.

Pues desde muy pequeño, éstas han sido parte de mi existencia, hasta el día de hoy. Cuando una planta es arrancada y vuelta a injertar en otra tierra reiteradas veces, esa planta jamás echa raíces y termina secándose. No veo por qué con los seres humanos debiera ser diferente.

Mi problema de salud provocó el primer cambio a la zona sur del Gran Buenos Aires. De un barrio ubicado estratégicamente en el centro de la ciudad, pasamos a otro en medio de la nada.

Allí asistí al Jardín de infantes de la escuela San Pedro Pascual. Concluí el primer grado y nos mudamos a Quilmes. Una localidad también al sur de la Capital ubicada a unos cuarenta y cinco minutos de distancia. Ahí vivimos durante tres años, y concurrí a una escuela pública, la número 22.

Todavía conservo imágenes en mi memoria. Era un día poco soleado. Estaba muy nervioso porque no conocía a nadie y había dejado atrás a mis amigos de la otra escuela. Otra vez debía volver a empezar.

La maestra, Mabel Pérez, era muy amable y sonriente. Ella me preguntó cómo me llamaba. Su mirada me transmitía seguridad. Algo que yo necesitaba sobremanera.

Al terminar segundo grado, mis padres se habían separado por primera vez. Volvimos entonces a casa de mi abuela, en Ranelagh, con mi mamá y mi hermano. Mi abuela nos amaba, pero tampoco estaba mentalmente bien al igual que mi mamá. Vivir en ese ambiente no nos resultaba muy fácil.

Entonces, regresé nuevamente a la escuela San Pedro Pascual y comencé el tercer grado. Por una equivocación me pusieron en un grado donde no estaban los que habían sido mis compañeros de primer grado. La soledad me invadía; y lloré desconsoladamente.

SÉ
LO QUE TÚ QUIERES SER

Entre mudanzas y adaptaciones...

PROGRAMA TU MENTE PARA EL CAMBIO

UNA MIRADA DE ESPERANZA

Así crecí con ella, sabiendo que la oscuridad, por más oscura que sea, no duraría para siempre. Algún día saldrá el sol e iluminará todo, trayendo alegría a mi corazón. Si logras tener una mirada de esperanza en medio del dolor y la adversidad, ésta colmará todo tu ser. Tú puedes salir airoso en medio de la batalla, si te lo propones, y hallar la luz en medio de la oscuridad.

Los malos momentos son pasajeros; y así como las agujas del reloj marcan el minuto siguiente y dejan atrás el segundo que pasó, nuestra mente y corazón deben esperar lo que viene como lo mejor para nuestra vida. Tú puedes revertir la tristeza, el dolor y la angustia. Trabaja duro en ello y lo lograrás. Todo es cuestión de actitud. Confía en que lo que viene para tu vida, es lo mejor.

No estás solo. Jesús está contigo. Invítalo a tu corazón, camina con Él y todo será más fácil. Ése es mi consejo.

SÉ LO QUE TÚ QUIERES SER

madre por un año, cuando apenas tenía ocho años de edad. Así que mi hermano y yo nos fuimos a vivir a casa de nuestra abuela. Luego, papá regresó con mamá y vivieron juntos durante cuatro años más.

Sin embargo, la esquizofrenia continuaba atormentando a mi madre. Y la situación con mi papá cada vez era más insostenible. Él viajaba de continuo por cuestiones de su trabajo; y estando en la provincia de Santa Fe, en Argentina, conoció a una mujer. Ella logró retribuirle todo lo que mi madre ya no podía darle. Así que, definitivamente y con mucho dolor, resolvió separarse de mi madre por segunda vez.

Como niño, no puedes entender lo que sucede en la separación de tus padres. Fueron momentos muy difíciles para nosotros siendo hijos. Vivíamos una sensación de desprotección y soledad. Pero, gracias a Dios, mi padre jamás dejó de ocupar su lugar. No tuvimos un padre ausente; por el contrario, siempre fue muy amoroso. Nos veíamos casi todos los días, comíamos juntos en casa, lo visitábamos en su oficina y salíamos a pasear. Nunca permitió que nos faltara algo, incluso a mi madre.

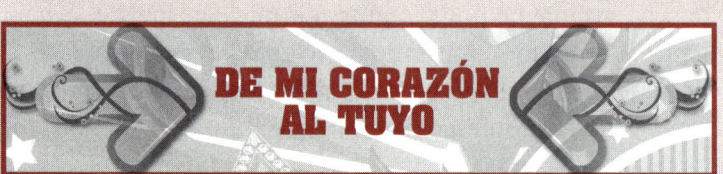

DE MI CORAZÓN AL TUYO

Hasta el día de hoy, recuerdo la fragancia que tenía mi madre y su tierno abrazo. Por más que pasen los años, hay escenas que uno retiene tan frescas en su memoria como si fueran un presente continuo hasta hacerse imborrables. Una de ellas fue una merienda en el neuropsiquiátrico en el que se encontraba internada.

Parecía estar bien... Se le veía contenta compartiendo una tarde con su esposo e hijos. Esa escena se convirtió en un rayo de sol en medio de la tormenta. Me hizo tener esperanza.

UNA MIRADA DE ESPERANZA

Una semana después de aquella visita, mi madre regresó a casa. El médico había conversado con mi padre, y le explicó que debíamos tener extremo cuidado en atenderla; sobre todo, no debíamos dejarla sola en momentos de depresión. Siempre tendría que estar acompañada. Así lo hicimos.

Un día, estábamos almorzando en casa de mi abuela. Allí vivíamos en ese entonces. Mamá no se encontraba muy bien. Era notorio que estaba entrando en una de sus crisis. De repente, se levantó de la mesa, dejó su almuerzo y se dirigió hacia las habitaciones. Yo tenía apenas cinco años, pero recordaba las indicaciones del psiquiatra que no debíamos dejarla sola. Así que fui detrás de ella. La busqué en mi habitación y el baño, pero no logré hallarla. Fue entonces que me dirigí a su dormitorio, y allí fui testigo de la experiencia más terrible de toda mi vida. Jamás olvidaré lo que sucedió aquel mediodía. Mi madre estaba colgada con un cinturón atado a su cuello, intentando quitarse la vida.

Creí estar paralizado por unos breves segundos, pero de mi interior escuché una voz que gritaba: ¡Corre hacia ella! Salté sobre su cuerpo hasta sacar el cinturón de su cuello. Ella cayó al piso. Todavía respiraba. Y mirándome a los ojos, comenzó a llorar. Entre sollozos decía que no podía seguir adelante. Sus fuerzas se habían agotado. Me hablaba como si acaso yo entendiera, con apenas cinco años de edad, lo que estaba ocurriendo. Sólo sabía que quería tener a mi madre conmigo para que me abrazara y cuidara como siempre lo había hecho.

Los años fueron pasando y con ellos los episodios violentos que resultaban de la enfermedad de mi madre.

Crecer no fue nada fácil para mí. Sin embargo, durante los lapsos de tiempo en que se hallaba bien, mi madre era la mejor mamá del mundo. Nos atendía en todo con la dulzura que la caracterizaba. Nos ayudaba con las tareas escolares y era muy cariñosa con nosotros. Pero cuando la enfermedad la embargaba, caía en una depresión profunda.

La situación que se vivía a diario era desesperante. Entonces mi padre ya no toleró más y tomó la decisión de separarse de mi

SÉ LO QUE TÚ QUIERES SER

visitas periódicas al psicólogo. Finalmente, el resultado había llegado: todos los profesionales coincidían en que mi madre sufría de esquizofrenia. Era una palabra muy nueva que no formaba parte de nuestro vocabulario habitual.

La esquizofrenia es una enfermedad que ataca al 1% de la población mundial en algún momento de su vida. Afecta a personas de cualquier sector de la sociedad, generalmente a jóvenes entre quince y treinta años de edad. No todos tienen los mismos síntomas, pero la esquizofrenia trastorna la forma de pensar y de sentir, por lo que las percepciones pueden estar distorsionadas y el pensamiento alterado.

Durante los brotes psicóticos, mi madre tenía un comportamiento destructivo con períodos de autismo, no hablaba y casi no quería ingerir alimentos; su mirada estaba totalmente perdida, su cuerpo encorvado y sus manos entumecidas. Era necesario que estuviera acompañada las veinticuatro horas del día, porque a veces desaparecía de la casa y no la podíamos encontrar. Debíamos comenzar a buscarla por el barrio, con el agravante de que le hubiera ocurrido algo.

Sus ataques eran esporádicos, tal vez le sucedían tres o cuatro veces al año, pero su estado de trastorno duraba varias semanas.

Luego de aquella consulta con su médico, mi madre tuvo que ser internada en un hospital psiquiátrico. Y recién unos cuántos días después, pudimos ir a visitarla.

Era un sitio totalmente tétrico y frío, como lo representan en cualquier película de terror. La gente deambulaba de aquí para allá; algunos me miraban fijamente. El temor me invadió de tal manera, que casi me puse a llorar. Entonces me tomé fuertemente de la pierna de papá, que era lo más seguro a lo que podía aferrarme. Continuamos caminando, en dirección a la habitación donde descansaba mi mamá. Tratábamos de esquivar a los internos que se acercaban a pedirnos cigarrillos y hablaban cosas sin sentido. Cuando llegamos, desde la puerta la vi sentada en la cama. Con una sonrisa en el rostro, fijó sus ojos en mí y yo corrí a abrazarla. Parecía como si jamás hubiese ocurrido aquel fatídico incidente.

UNA MIRADA DE ESPERANZA

Era el mes de junio de 1978. Se jugaba la Copa del Mundo de Fútbol en Argentina. Todas las calles estaban enarboladas con papeles de color blanco y celeste.

Este deporte siempre despertó entre los argentinos, la pasión e innumerables conductas imposibles de explicar racionalmente. El fútbol no entiende de razones, sólo es furor, pasión y una mezcla de emociones y sentimientos. Tanto es así que mientras en el país se cometían las más atroces vejaciones a los derechos humanos, producto de la dictadura militar, todo el país festejaba por primera vez en la historia la victoria de haber alcanzado la Copa del Mundo. Todo parecía estar muy bien cubierto por la indiferencia y la frialdad.

Sin embargo, en ese clima de apariencias y festejos simulados, en el seno de mi familia, vivimos una experiencia tan extraña como angustiante.

Eran las tres de la madrugada aproximadamente. Mi hermano de dos años y yo, de casi cuatro, dormíamos juntos en una habitación contigua a la de mis padres. Apenas un pequeño pasillo unía el trayecto entre ambos dormitorios. La noche era fría y por ahí se escuchaba el ruido de los perros callejeros que solían andar por la cuadra. Ya me estaba acostumbrando a los ruidos característicos de la zona, pero jamás imaginé despertarme sobresaltado como aquella noche al escuchar semejante alarido. Un grito desgarrador se escuchó a través de las paredes. Provenía de la habitación de mis padres. Fui corriendo con mi hermano y me hallé frente a un cuadro difícil de olvidar: mi madre, en un estado totalmente de alteración, gritaba y se lastimaba. Mi padre intentaba calmarla, ignorando lo que estaba sucediendo. Sólo atinó a decirnos que regresáramos a nuestra habitación para no presenciar semejante escena de violencia.

Recuerdo que mis padres visitaron el consultorio del doctor. Y luego de revisar a mi mamá, el médico decidió hablar con mi padre acerca de lo que la estaba aquejando. No se contaba en aquel entonces con los adelantos científicos que tenemos hoy. Así que se le realizaron una cantidad exhaustiva de estudios y análisis para hacer un diagnóstico lo más certero posible. Esto incluyó

Mi madre y la esquizofrenia...

SÉ
LO QUE TÚ QUIERES SER

UNA MIRADA DE ESPERANZA

FE EN ACCIÓN

DE MI CORAZÓN AL TUYO

Hoy que la paternidad ha tocado a mi puerta, puedo darme cuenta de la grandeza y el valor de un padre al enfrentarse con el dolor de su hijo. Papá no dudó en su corazón en salir corriendo aquella noche de invierno en busca de medicina, aunque no sabía a ciencia cierta si a su regreso yo seguiría aún con vida.

¿Cuántas veces nosotros reaccionamos de esta manera? Por lo general, ante una situación de desesperanza, nos quedamos paralizados y nos lamentamos sin saber qué hacer. Pues quiero decirte que una acción en medio de la adversidad, siempre trae buenos resultados, porque la acción va de la mano de la fe. Y fe es "la certeza de lo que se espera y la convicción de lo que no se ve". Esto significa que no debes permanecer inmóvil frente a las situaciones de la vida, sino que tienes que movilizarte y salir a buscar lo que estás esperando, confiando que al llegar habrás encontrado lo que tanto deseabas en tu corazón.

Cuanto antes descubras la llama que da origen a tus sueños, más corto será el camino hacia la meta. Confía y disfruta el sendero hacia tu galardón, que seguramente es grande. Recuerda esta frase, ponla en práctica y repítela cada día: **Hoy será el día en el que avanzaré un paso más hacia mi meta.**

SÉ LO QUE TÚ QUIERES SER

tanto de lo que sucedía, nos ofreció su casa en Florencio Varela, ubicada al sur de la Capital Federal.

No era un lugar con demasiada vegetación como había recomendado el médico, pero reunía dos requisitos vitales: estaba en un lugar casi descampado, libre de contaminación; y, por otro lado, ante cualquier problema debido a mi asma, estaban mis tíos para socorrer a mi mamá, puesto que mi papá tenía que salir a trabajar y llegaba tarde por la noche.

La situación económica en aquellos años no fue la mejor, por lo que tener en cuenta este asunto era sumamente importante también. Finalmente, después de tres meses de estar viviendo allí, se desocupó la casa de mis abuelos maternos que en ese entonces se encontraba alquilada por una familia de la China, y nos mudamos a Ranelagh. Allí vivimos durante cuatro años.

Mi calidad de vida y de salud cambió notoriamente. Los ataques de asma disminuyeron y comencé a hacer la vida normal que cualquier niño haría tomando los recaudos necesarios. Mi afición por el deporte también comenzó a hacerse notar. Uno de los primeros regalos que me hizo mi papá fue una pelota de fútbol, por lo que comencé a dar mis primeras patadas allí.

Entre tropiezos y caídas, fui aprendiendo el arte de pegarle al balón. ¡Qué feliz que era con mi pelota! Aunque algunos al verme jugar decían que no tenía futuro; yo lo disfrutaba de todos modos. Mis detractores tenían razón: como futbolista, era un verdadero desastre. Sin embargo, en esos años comenzó a encenderse la llama que alumbraría el resto de mis días. Mi vida tomaría un rumbo diferente…

FE EN ACCIÓN

de mis abuelos, no había teléfono; mi papá no tenía automóvil y el servicio de autobuses a esa hora no funcionaba. De inmediato, debía hacerse algo antes de que fuera demasiado tarde. Era una noche extremadamente fría y ventosa. Pero cerca de las dos de la madrugada, mi padre tomó una bicicleta que estaba en el garaje y salió corriendo en busca de una farmacia de turno. No encontró ninguna hasta cuarenta minutos después. Compró la medicina y comenzó a pedalear con fuerza y le pidió a Dios llegar a tiempo. Como un rayo, entró a la casa, pero para su asombro yo ya estaba mejor. Había vivido un "Falso Croup", también conocido como laringitis. Esta enfermedad consiste en la obstrucción de la vía aérea superior por una inflamación de la laringe por infección viral. La laringe se cierra y no permite el paso del aire por unos minutos. Es muy frecuente en niños hasta los cinco años.

Mi mamá puso en práctica una receta casera. Tomó una olla, le puso agua y la colocó a hervir con sal. Cuando hirvió, me acercó al recipiente y comencé a inhalar el vapor. Poco a poco, la laringe se fue abriendo, cesó aquel ataque, y yo me recuperé casi por completo.

A la mañana siguiente, ya teníamos concertada una consulta con el pediatra. Todavía conservo en mi memoria ese día y cómo el especialista explicaba a mis padres lo que me aquejaba en aquel momento. Intentaba tranquilizar a mi madre, pues me diagnosticó un problema de asma. Mi madre había sufrido estas sofocaciones hasta los veintitrés años y temía que yo padeciera lo mismo. Sin embargo, el médico fue muy práctico y sugirió a mis padres mudarnos de la ciudad a un lugar más apropiado para mis pulmones, con mayor vegetación y aire más puro.

El regreso a casa fue silencioso. Mi padre parecía pensativo, pero con su mirada perdida. En cambio, mi madre, miraba fijo al frente. Ambos pensaban cuál sería el lugar más conveniente para mudarnos.

Las propiedades costaban mucho dinero entonces. Día tras día, buscábamos en las revistas inmobiliarias alguna oportunidad. Pero el hermano de mi mamá, el tío Dante Sbarbati, estando al

SÉ LO QUE TÚ QUIERES SER

hubiera salido al aire durante la transmisión del partido de fútbol? Seguramente, ese incidente hubiera significado el último día de trabajo de mi padre.

Por su lado, mi madre transitó el camino de la docencia. Quizás también podría considerarla como una mujer de los medios: día a día, se presentaba y hablaba ante decenas de estudiantes que escuchaban atentamente sus enseñanzas.

Vivíamos en un pequeño departamento. Un "dos ambientes", como se lo conoce en mi país, Argentina. Estaba distribuido en una cocina, un baño, un *living* y un dormitorio. En la habitación, dormían mis padres; y en el *living*, mi hermano, Juan, recién nacido, y yo, por un tiempo muy corto.

El departamento estaba ubicado en un barrio de la capital llamado Once. El mismo siempre se caracterizó por la confluencia de diferentes colectividades agrupadas y organizadas, no sólo para vivir, sino fundamentalmente para comercializar, motivo por el cual es muy frecuente advertir en sus calles cientos de comercios atendidos por coreanos, judíos y árabes.

Y así como Buenos Aires tiene su encanto por la popular noche porteña, también es conocida por la humedad que la distingue.

Era la medianoche de un húmedo día de invierno, nos encontrábamos en la casa de mis abuelos maternos, a una hora fuera de la ciudad de Buenos Aires. Mis padres se alarmaron cuando, de repente, se despertaron y me encontraron sentado en la cama con el rostro totalmente rojizo y con dificultades para respirar. La falta de aire, el ahogo, debe ser una de las sensaciones más horrorosas que pueda experimentar un ser humano. Por momentos, se muere; por otros, revive. Luego, vuelve a morir. Y así sucesivamente...

Pero cuando esas impresiones se tienen tan tempranamente a los tres años de edad, cuando todavía no se sabe distinguir lo bueno de lo malo, y lo peligroso de lo inofensivo, es aún más desesperante.

Ellos ignoraban lo que me estaba sucediendo. Pero el semblante de mi madre estaba desencajado. Al darse cuenta que no podía respirar, intentaba por todos los medios de darme aire. En la casa

FE EN ACCIÓN

Buenos Aires, capital de la República Argentina, es uno de esos sitios donde todos quisieran vivir, y, a la vez, estar lejos de él. Todo se concentra allí. Así como están los bancos, las grandes empresas y los negocios más fructíferos, también existen la contaminación ambiental, la superpoblación vehicular y los insultos de los automovilistas a causa de los constantes embotellamientos en el tránsito. En esa gran ciudad, y con tantos matices, vivía yo.

Mi padre siempre fue periodista. En realidad, lo era desde que nací. Continuamente, se encontraba rodeado de papeles, lapiceras o plumas, periódicos y grabadoras portátiles. Su vida transitaba de nuestra casa a la radio, de la radio a la televisión, donde trabajaba en un noticiero como reportero, y de la televisión a casa. Tanto la redacción del diario *Clarín* —uno de los más importantes del país—, como *Tiempo Argentino*, muy conocido en su plenitud, formaban parte de su segundo hogar. Muchas veces, lo acompañaba a la redacción y me entretenía allí jugando a la pelota que yo mismo confeccionaba con el papel de alguna nota que no servía.

Los estadios de fútbol eran también su hábitat. En ellos, se desempeñaba como comentarista de los partidos que se realizaban por el torneo argentino.

Recuerdo una de las tantas veces que me llevó a la cabina desde donde se transmitía el partido. Era común encontrar allí a Bernardino Veiga, quien era un afamado relator de partidos de fútbol. Mi padre realizaba un análisis técnico luego de cada jugada, por lo que ambos estaban preparados cuando mi padre decía: "¡Atento, Veiga!". Después de esta frase, la entrada de su comentario era inminente.

En una de esas visitas al estadio, mi padre me dejó solo en la cabina. Había terminado el primer tiempo del partido; mi papá se dirigió a comprarme una bebida refrescante y me recomendó que me quedara allí. Con voz firme y cálida a la vez, dijo que no debía tocar nada. Grande fue su sorpresa cuando regresó, entró a la cabina y me vio con el micrófono en la mano tratando de encenderlo y diciendo: "¡Atento, Veiga!". El desesperado grito de mi padre hizo que en fracción de segundos soltara el micrófono. ¡Gracias a Dios el micrófono nunca se encendió! ¿Se imaginan si la voz de un niño

Mi padre y yo...

SÉ
LO QUE TÚ QUIERES SER

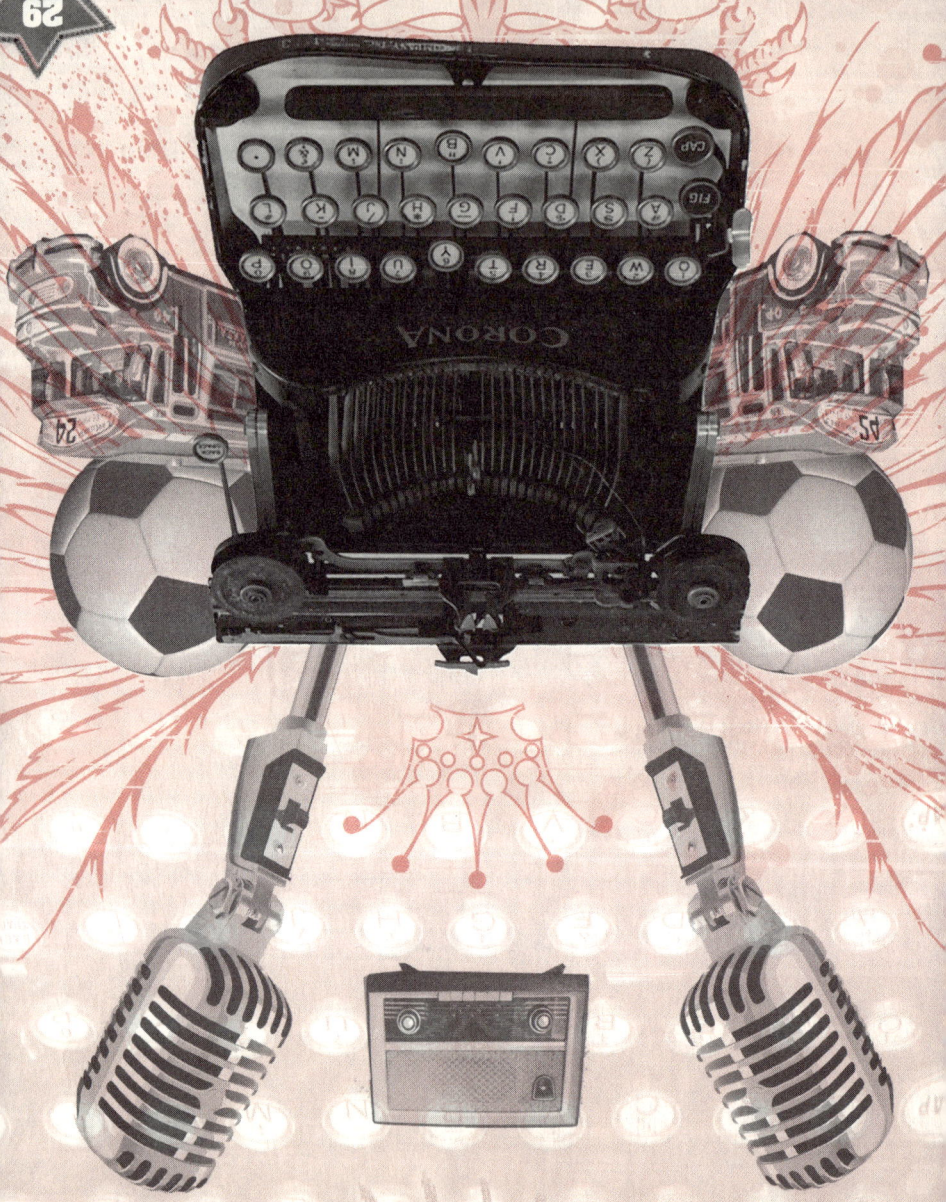

SÉ LO QUE TÚ QUIERES SER

me he desarrollado y crecido para que mi sueño fuese hoy una realidad. Pero quiero decirte que el secreto de mi éxito está en que, a lo largo del camino, he contado con la compañía de un gran amigo a mi lado: su nombre es Jesús. Él no sólo me ha sostenido en los momentos de debilidad y desánimo, sino que también me ha dado nuevas fuerzas cuando no tenía ninguna.

ABRAZA TUS SUEÑOS

estaba ubicada en una ciudad llamada Diamond Bar. También agregó si podía estar dos días antes, porque quería presentar este programa a maestros de la zona. Por supuesto, le dije que sí. Así que un día antes de dar comienzo al concierto, unos veinte maestros de español del distrito escolar fueron invitados a su casa a tomar el té con el objetivo que yo les cantara y comentara acerca del programa.

Esta participación derivó en una nueva gira, que abarcó las ciudades de Huntington Beach, Sacramento, Pasadena, Diamond Bar, Los Alamitos y San Diego; todas ellas situadas en el estado de California.

DE MI CORAZÓN AL TUYO

¡Qué cosa tan extraña! Desde mi niñez, ansiaba conquistar y cumplir mi sueño: ser cantante. Ahora que me hallaba en los umbrales de lo que tanto había soñado, todo parecía increíble.

Aquella noche tan significativa en California, anterior al concierto, no lograba dormirme. Quizás el tan mentado miedo escénico quería apoderarse de mí. Dicen los entendidos en la materia, que esta aprensión al salir a escena tiene que ver con el temor que a uno le asalta en el momento más importante de su vida. De ahí que muchos fracasen en el intento de lograr concretar sus sueños.

Es sabido que mucha gente realmente capacitada para obtener lo que se propone, abandona antes de llegar a la meta final. Esto mismo pudo haberme ocurrido a mí.

Sin embargo, esto no pasó por arte de magia, sino porque algo más grande en mi interior, aún mayor que mis propios deseos y anhelos, comenzó a tener el verdadero protagonismo.

Cierto es que mi vida ha sido una gran aventura, pero también he tenido obstáculos y situaciones que atravesar. En todo,

SÉ LO QUE TÚ QUIERES SER

los sesenta discos que yo mismo había llevado para ver si era factible vender alguno. Ni siquiera el excesivo precio de 25 dólares por cada unidad hizo que los asistentes retrocedieran o renunciaran a adquirir una copia.

Finalmente, al día siguiente, ya en el avión de regreso a Buenos Aires, sentía que mi vida estaba tomando un rumbo que nunca jamás había imaginado. Haber cantado en medio de estudiantes y profesores en los Estados Unidos era impensable. Sin embargo, la meta de ser otro cantante más y desarrollar mi talento, estaba quedando poco a poco atrás, para dar lugar a lo nuevo que despaciosamente asomaba. Me hallaba un poco confundido, así que me dije a mí mismo que dejaría que las situaciones que se presentaran, marcasen el camino a seguir.

La señora Pam Kaatz, una maestra amiga de mi familia, se convirtió en esos días en una improvisada promotora de lo que yo tenía para ofrecer. Así que muchos maestros se acercaban a ella, para contratar mis servicios y cantar en las escuelas.

Sorprendida, Pam les advertía una y otra vez acerca de mis compromisos en Buenos Aires. Pero la insistencia de los docentes logró que tuviéramos una reunión con ella para revisar lo que estaba sucediendo y qué cauce debía tomar.

Imprevistamente, Pam se comunicó telefónicamente conmigo para compartirme que debía regresar, debido a las próximas presentaciones que tendría en ocho escuelas. Todo parecía indicar que era el comienzo de un nuevo camino. Me invadía una alegría tal, que todas aquellas ilusiones de niño aumentaban día a día.

A partir del mes siguiente, Estados Unidos se convirtió en mi segundo hogar. Y la experiencia compartida en cada escuela fue realmente maravillosa en mi carrera artística. No faltaron las oportunidades en las que me olvidaba la letra de las canciones. Pero en mi interior, la emoción fue mayor cuando las repercusiones comenzaron a ser notorias.

Cuando la gira finalizó, Chris Bucolla, una maestra de California, se comunicó por teléfono conmigo para hacerme una propuesta. Deseaba invitarme a su escuela para dar un concierto. La misma

ABRAZA TUS SUEÑOS

Al mes de haber llegado a Buenos Aires, recibí la invitación de una organización dedicada a la promoción del idioma español y su cultura. Me invitaron a hacer un concierto para los estudiantes de español en una localidad llamada Haltom City, ubicada al Oeste de la ciudad de Dallas, Texas. El concierto se realizó en el auditorio del teatro de la escuela Haltom High School, donde además participaron estudiantes de las clases de español de las escuelas vecinas.

Todavía permanece intacto en mi memoria el momento en que salí a escena. Allí había unos novecientos estudiantes estadounidenses gritando a una sola voz mi nombre como si se tratara de una famosa estrella del rock. Era casi imposible creer lo que estaba ocurriendo. Al comenzar la canción con sus primeros acordes, todo el auditorio comenzó a entonarla al mismo tiempo que yo lo hacía. Al concluir aquel concierto, sentía haber encontrado mi lugar.

Los otros maestros de la escuela se me acercaron para comentarme que nunca habían visto a sus estudiantes tan felices en un programa referido al idioma español. En ese momento, no entendía con exactitud lo que pasaba a mi alrededor; no tenía la experiencia suficiente. Sólo había realizado un concierto como los que daba en mi país, Argentina. Pero una cosa era cierta: a medida que pasaba el tiempo y estaba entre ellos, la sensación de pertenencia y de estar en el camino correcto era mayor a cada minuto.

Hoy, las imágenes se vuelven más vivas al recordar todo el amor y el cariño que me brindaron.

Al día siguiente, participamos de una conferencia de maestros de idioma español. Pues cada año en los Estados Unidos, los profesores de idiomas se dan cita en diferentes convenciones.

Esta conferencia se llamaba TFLA, es decir, Texas Foreign Language Association. De repente, me encontré entre toda la multitud, y fui invitado a participar con el fin de cantar dos de los temas del repertorio de mi primer disco grabado para BMG: "*Tu cárcel*" y "*Siempre por siempre*".

Durante esa misma noche, esos temas fueron traducidos. Y a esto se le sumó el hecho de que en cuestión de minutos se vendieron

Mi carrera y los Estados Unidos...

SÉ
LO QUE TÚ QUIERES SER

ABRAZA TUS SUEÑOS

NUNCA DEJES DE SOÑAR

1 al 10, tú debes proponerte lograr un 11. Naciste para cumplir con ese propósito. No será imposible alcanzarlo. Eres un diamante sin pulir. Sólo falta darle forma y brillo para que ese diamante se desarrolle en todo su esplendor.

Es importante también que no seas iluso ni tengas una falsa mirada de ti mismo. Por ejemplo, si no sabes cantar, o cada vez que lo intentas no entonas ni afinas una sola nota y tu voz no resulta armoniosa para los demás, por más que te prepares con los profesores más especializados, sólo lograrás mejorar un poco. Quizás puedas llegar a promediar un 5, pero ese promedio será mediocre y tu propósito es que seas excelente, eficaz e inteligente. Tu proyecto de vida nunca podrá ser trivial. Si eres excelente dibujando, no te dediques a las matemáticas; si eres excelente relacionándote con la gente, no te encierres en una oficina y trabajes frente a la computadora detrás de un escritorio. Párate firme en tu fortaleza. Esto es clave y esencial para lograr tus sueños.

3er Paso: Conoce las reglas de juego y no dejes de intentar aunque creas que ya has alcanzado tu meta.
Conocer las reglas de juego del ámbito donde vas a desarrollar tus sueños es vital, porque es allí mismo donde una vez que llegas debes saber cuál es el siguiente paso. Conoce el camino que vas a transitar. No des vueltas sin ton ni son. Sé preciso y llega a destino. No límites tus sueños antes de comenzar a caminar. No argumentes con tus pensamientos y deseos en cumplir tu propósito. Sigue luchando y abriendo caminos.

Esto es algo divino, porque estás cumpliendo el propósito para el cual fuiste creado. Cree en lo que posees. No dejes de alcanzar tus sueños. ¡Avanza y conquista! Estás equipado con todo lo que se necesita para alcanzarlos.

Encuentra tu aliado, tu compañero de batalla. Él será quien te dará su apoyo cuando tengas que recorrer esa milla extra. Tu fe puesta en acción te asegurará la victoria.

SÉ LO QUE TÚ QUIERES SER

desventajoso. Mi padre se opuso definitivamente a que hipotecara mi futuro, y me llevó de regreso a Buenos Aires.

Mi padre siempre ha sido una persona de un carácter muy cordial. Con una sonrisa, es capaz de expresar mil palabras. Sin embargo, su actitud inusual con aquel representante me hizo ver que contaba con un protector. Mi "viejo" se había subido al mismo sueño que yo tenía en mi corazón desde hacía mucho tiempo. Esto fue por demás motivador: contaba con un aliado que no se detendría hasta verme llegar a la cima de la montaña.

DE MI CORAZÓN AL TUYO

Todos somos medianamente buenos y talentosos para muchas cosas; ciertamente en algunas más que en otras. Justamente aquellas habilidades que tenemos y desarrollamos mejor, las realizamos con mucho placer. No nos producen cansancio, sino que por el contrario, nos llenan de felicidad y somos capaces de soportar todo tipo de presión y traspié que puedan ocasionarnos. Pues cada una de ellas nos fascina y apasiona hasta transformarse en nuestra meta. Por eso, quiero darte unas pautas para que las tengas en cuenta a la hora de cumplir tus sueños.

1er Paso: Descubre tu propósito en la vida.
Para descubrir tu propósito, tu meta, es necesario que pases tiempo contigo mismo y estés atento a las sensaciones de plenitud que sientes cuando haces algo que realmente te gusta. De eso se tratan los sueños, encarar tu vida parado arriba de tu potencial. Es importante que entiendas que no naciste por casualidad, no existen las casualidades, y si estas acá en la tierra es para dejar una huella, impactar, hacer cosas grandes y, para eso, necesitas encontrar y abrazar tus sueños.

2do Paso: Prepárate y procura ser el mejor.
Si quieres conquistar tus sueños, debes prepararte con excelencia, dando lo mejor que hay depositado en ti. En una escala del

NUNCA DEJES DE SOÑAR

Mi primera producción, titulada *Siempre por siempre*, con el primer corte de difusión llamado *Magdalena*, sonaba fuertemente en todas las radios del país.

Este rotundo éxito motivó en todos los medios de comunicación que surgieran entrevistas y notas. Esto significaba para mí un nuevo desafío, ya que mi problema con la tartamudez todavía continuaba presente. Sí, así como lo escuchas, yo era tartamudo.

Resultaba imposible olvidar la reunión que había tenido con mi padre en Miami. Habíamos concertado una cita con Héctor Mazelli, representante de José Luis "El Puma" Rodríguez. En mi interior, tenía la fuerza y todas las ganas de triunfar; pero aún luchaba con mi trastorno del habla.

Con apenas 22 años, mis pantalones de pana de color negro, la camisa celeste y los zapatos al mejor estilo Don Johnson, actor de la serie televisiva Miami Vice, me encontraba en la sala de espera de aquel hombre. Esperamos un buen tiempo hasta que nos atendió. Se saludaron con mi padre y luego hicimos las presentaciones del caso.

Pero la charla tomó un rumbo inesperado, y Mazelli quedó solo con mi padre en su oficina. Cuando nos retiramos, mi padre me explicó lo sucedido. Mi tartamudeo había sido algo demasiado evidente. Sin embargo, mi padre intentó conservar su buen humor frente a los comentarios de Mazelli y, como siempre, enaltecía mi talento. Su apoyo incondicional a lo largo de toda mi carrera artística ha sido de un valor incalculable.

A pesar de lo infructuoso de aquella entrevista, permanecí en Miami por tres meses grabando y mezclándome entre la gente del ambiente artístico de esa ciudad tan fascinante. Hubo momentos muy gratos, pero no faltaron los sentimientos de soledad y tristeza que invadían mi corazón y se hacían presentes en aquel cuarto de hotel. Y mi padre, al ver que el tiempo pasaba y el representante no avanzaba, decidió venir por mí y reunirse por última vez con él. Con una antipatía irreconocible, canceló mi trabajo en Miami, pues aquel agente pretendía que firmase un contrato muy

SÉ LO QUE TÚ QUIERES SER

A Mario le agradó mi seguridad; y a partir de ese momento comencé a trabajar como archivador del noticiero de 9:00 de la mañana a 5:00 de la tarde. Mi tarea consistía en guardar, registrar y clasificar las notas que se emitían por ese canal de noticias. Pero cuando concluía mi trabajo, me dedicaba a recorrer compañías disqueras, representantes y productores.

Nueve meses después, me llamó Sergio Kreimer, productor de una disquera al que le había dejado copia de mi demo. Al encontrarnos, dijo lo que yo había esperado y anhelado durante tanto tiempo: "Justo, mi disquera produce artistas, y luego BMG ARIOLA —sello discográfico— distribuye el material. Yo estoy interesado en que grabes un disco con nosotros". Y sin poder salir de mi asombro y alegría, en medio de una mezcla de emociones, al cabo de una semana comenzamos a trabajar en el contrato. Al día siguiente de haberlo firmado, decidí ir al canal y presentar la renuncia. Se encontraba allí el dueño, una eminencia del periodismo argentino, el señor Héctor Ricardo García. Su trato para conmigo siempre había sido muy amable, por lo que me animé a hablar con él y comunicarle que me retiraba del canal debido a mi proyecto con la discográfica. Luego de escucharme con mucha atención, respondió: "De acuerdo, pero cuando seas famoso no me niegues una nota". Sonriendo, le contesté que lo diera por hecho.

Finalmente, estaba comenzando a grabar mi primer disco. Pero como todo principiante, debía esperar mi turno. Primero grababan los artistas ya consagrados, mientras yo lo hacía a partir de las 10:00 de la noche. Realmente, esto no me importaba demasiado, pues yo disfrutaba sobremanera todo lo que estaba viviendo. Mi sueño se estaba convirtiendo en una realidad. Una concreción que avanzaba vertiginosamente, pues al concluir con la grabación del disco, el director artístico de la compañía BMG, Luis "Darta" Sarmiento, me propuso ser artista exclusivo de su sello BMG ARIOLA. Con Sergio Kreimer, habían acordado comprar el producto. Disimular mi emoción era imposible, así que grité de tal modo que el personal de la disquera salió de sus oficinas para ver qué sucedía.

Glenn Cunningham, quien consiguió records mundiales en carrera, tenía sus piernas terriblemente quemadas por un incendio ocurrido en el colegio. Los médicos le diagnosticaron que nunca más podría volver a caminar.

Enrico Caruso, tenor italiano, nacido en una familia pobre, fue el primero que sobrevivió de dieciocho hijos.

Itzhak Perlman, concertista de violín, desde los cuatros años de edad padecía de una parálisis desde la cintura hacia abajo.

Es evidente que una dificultad te puede inmovilizar convirtiendo tu existencia en una permanente derrota; o bien, se puede transformar en el motor que te impulse a alcanzar el propósito para el cual fuiste creado. Depende de ti optar por la decisión correcta.

Si logras continuar hasta el final de la carrera que tienes por delante, mantente firme en el fragor de la batalla y desarróllate en el designio hecho especialmente para tu vida, entonces habrás alcanzado el éxito. Si así lo deseas, te será posible…

Sin embargo, este aparente traspié no me desanimó. Muy por el contrario, me fortaleció para continuar golpeando puertas.

Luego de un largo año sin respuestas, creí que lo mejor sería trabajar de lo que fuera, mientras continuaba intentando con mi música. Mi padre se contactó con un periodista amigo, Mario Gavilán, quien era el director de un canal de noticias llamado Crónica TV, en Argentina. Por ese entonces, yo tenía 19 años. Mi papá habló con él para ver si podía ubicarme en algún puesto de trabajo. De inmediato, me concertó una entrevista en la redacción del noticiero para el día siguiente a primera hora de la mañana.

Hasta hoy, resuenan sus palabras en mi memoria: "Hago esto porque tu viejo me hizo un gran favor cuando él era vocero del vicepresidente Víctor Martínez, y yo presidente de Canal 7 (canal público perteneciente al gobierno de Argentina). Por eso, te voy a dar trabajo; pero si hacés algo mal, te echo a patadas". Yo me reí y le respondí: "Señor Mario, no se preocupe, que si yo me lo propongo, llego donde usted está sentado en este mismo momento".

SÉ LO QUE TÚ QUIERES SER

sería mi primer disco. Se lanzaría por el sello discográfico Melody, de Televisa. Tendría distribución en toda Latinoamérica. Sin embargo, por esas cosas que uno quizás nunca llegará a comprender, Hugo López falleció. Una semana antes de firmar el contrato, una afección que sufría desde hacía varios años, había terminado con su vida. Parecía como atravesar todo el océano nadando y morir antes de llegar a la orilla. Volver a empezar era inevitable.

DE MI CORAZÓN AL TUYO

Cuando se trata de tus sueños, nada ni nadie debe detenerte. Debes pararte frente a la adversidad y mirarla en la forma correcta; solo así te será útil y podrás usarla como trampolín a otro nivel. Esto fue lo que ocurrió en mi caso.

Permíteme presentarte historias reales de personas como tú y yo, donde una piedra en el camino, una dificultad, un traspié, un fracaso, una desilusión, marcaron el comienzo de una vida de éxito:

Si no hubiera existido Goliat, el rey David no lo habría vencido y nunca se habría convertido en quien realmente fue.

El novelista, poeta y editor británico Sir Walter Scout, era lisiado.

El primer presidente de Los Estados Unidos en 1789, George Washington, quedó paralizado por la nieve en Valley Forge.

Abraham Lincoln, presidente de los Estados Unidos que abolió la esclavitud, fue criado en la pobreza.

Benjamín Disraeli, Primer Ministro del Reino Unido, fue objeto de terribles prejuicios religiosos.

Franklin D. Roosevelt, trigésimo segundo presidente de los Estados Unidos, sufrió de parálisis infantil.

Ludwig van Beethoven, compositor alemán de música clásica, quedó sordo.

unos cuarenta y cinco minutos. Y el trayecto hasta la academia era de una hora y media de ida y otro tanto de vuelta. El entusiasmo era tal, que no me importaba cuánto durara la travesía.

Pero al año siguiente, opté por cambiar de profesor, pues mi voz se estaba transformando en la de un cantante de ópera. Yo quería dedicarme a cantar otros estilos. Fue así que comencé a tomar clases con el profesor Jorge Cuttelo, cantante de música publicitaria. Con él, consulté muchas cosas, entre ellas, cómo tenía que hacer para convertirme en un cantante profesional. Su ayuda fue muy significativa. Me indicó que debía grabar un demo de tres temas y tomar unas buenas fotografías. Al menos, ése era el primer desafío para comenzar a golpear puertas en las diferentes compañías discográficas, productoras y representantes.

Sus consejos y sugerencias fueron totalmente inspiradores. Me contacté con una fotógrafa para realizar mi primera sesión de fotos y grabé el demo. Sin embargo, no contaba todavía con la creatividad desarrollada para componer mis propios temas, por lo que decidí escoger tres canciones que en ese momento eran muy conocidas en la República Argentina. La primera se titulaba *Toma la luna*, de Eros Ramazotti. La segunda, *Contigo a la distancia*, de Luis Miguel; y, por último, *Melodía desencadenada*, famoso tema de la película *Ghost*. El material estaba listo y las mejores fotos que me habían tomado estaban seleccionadas. Sólo restaban hacer las veinte copias del audio y del *book* de fotos. Ya era hora de comenzar a transitar el camino que había escogido aquella tarde de primavera.

Me vestí con la mejor ropa que tenía y, durante una semana completa, recorrí productoras y compañías discográficas. No me movía del lado del teléfono, esperando la llamada que me lanzaría a la fama. Al menos, eso era lo que yo pensaba… Pero nunca sucedió.

Poco tiempo después, mi padre realizó un viaje de negocios, y conoció a Hugo López, representante del cantante mexicano Luis Miguel y presidente de Televisa para toda Latinoamérica. Este hombre se interesó muchísimo luego de la conversación que mantuviera con mi papá. Así que comenzamos a trabajar en lo que

SÉ LO QUE TÚ QUIERES SER

nunca, rendirse jamás". Entonces él continuó: "Yo voy a apoyarte en tu sueño, pero con la condición de que lo hagas profesionalmente". No sé qué cara habré puesto, pero todavía está fresco en mi mente y corazón lo que sentí en aquel momento. Un vendaval de sensaciones fluyó en mi interior. El hecho de que mi familia se sumara a mi deseo, era como si parte del sueño se cumpliera en este preciso momento.

DE MI CORAZÓN AL TUYO

Es importante que cuando estés peleando por tus sueños, busques un aliado, tu padre, tu amigo, alguien que crea en ti y te dé aliento cuando lo necesites.
Muchos se quedan en el camino porque no soportan la lucha; por eso, cuando te encuentres en ese tipo de situaciones, tu aliado te brindará todo su apoyo para que puedas continuar la batalla. Pero también debes saber que para obtener tus sueños, tienes que combatir hasta el final, sabiendo que la victoria es tuya. Pon tu fe en acción; cree y camina sabiendo que nada ni nadie va a robarte la oportunidad de SER lo que realmente deseas SER. Debes sentir que ya tienes la batalla ganada. Ahora tienes que poner en práctica tu perseverancia y tu fe. De esta manera, alcanzarás la cima.

Desde pequeño, admiraba a mi padre, y más aún cuando lo observaba cantar y dirigir las canciones en los cultos de la iglesia. Su opinión y acompañamiento significaban mucho para mí. Esto fue realmente halagador, pero a la vez me comprometía seriamente conmigo mismo y ponía una presión extra: no podía darme el lujo de improvisar. Debía tomar las cosas con la responsabilidad que esto llevaba.

El paso a seguir fue inscribirme en un instituto donde dictaran clases de canto. Así lo hice, y tomé mis primeras lecciones con la profesora Alicia Susini. Estudiaba técnica lírica dos veces por semana

NUNCA DEJES DE SOÑAR

Cuando uno desea ser artista, suele encontrarse con las respuestas y dichos menos esperados, en especial, de los padres. Desde las que dicen: "Los músicos son todos unos flojos y no tienen futuro. Procúrate un trabajo serio", hasta aquellas que, siendo más condescendientes, resultan aún desalentadoras: "Está bien hijo, te felicito. Pero además de ser cantante, ¿vas a trabajar?".

Para la generación de mis padres, ser músico o cantante significaba solamente un entretenimiento, un pasatiempo, algo para interesarse cuando no se estaba trabajando, estudiando o dedicándose a la familia. Jamás sería considerado como una fuente de ingresos económica; y mucho menos como un modo de vida.

Llevaba años pretendiendo que una cuchara se convirtiera en un micrófono y el espejo en mi público. Sin embargo para mi sorpresa, el sueño de ser cantante estaba a punto de hacerse realidad y cambiar así la historia.

Un buen día, a la edad de 14 años, decidí tener una charla con mi padre. Esa clase de conversaciones que un padre tiene con su hijo pocas veces en la vida, pero que son decisivas en las personas. Precisamente, esto era sumamente importante y valioso para mí. Estábamos a punto de hablar de mi sueño, lo que siempre había deseado alcanzar. Así que dirigiéndome a mi papá, le dije: "Papi, necesito hablar contigo". Él contestó: "Por supuesto, Justito". Entonces, nos dirigimos a nuestro automóvil, un Peugeot 504 color azul. Inmediatamente luego de sentarnos, le propuse cantar un tema de un artista muy popular en mi país que se llama Alejandro Lerner. Lo interpreté con todas mis fuerzas. Recuerdo que mi padre me felicitó. Yo lo miré fijo a los ojos y entonces le dije que quería ser cantante. Pareció no haberse asombrado tras mi afirmación. Evidentemente, sabía que estaba decidido a seguir adelante. Luego que la plática tomara diferentes matices y viendo mi padre que a pesar de su consejo de que buscara un trabajo "serio" no daba frutos, comenzó a percatarse de que aún yo estaba empecinado en cantar. Aquello era lo que yo amaba con verdadera pasión. Era el deseo de mi corazón y estaba firme en no dejarlo escapar.

Mi padre comprendió que esta vocación iba más allá de lo que él suponía. Nada me haría abandonar mi cometido: "Retroceder

SÉ
LO QUE TÚ QUIERES SER

El comienzo de un sueño...

NUNCA DEJES DE SOÑAR

reflejado en cada anécdota o experiencia compartida. Pues ¡de eso se trata! Pero lo realmente importante es que de cada una de ellas, he podido salir airoso y degustar el sabor de la victoria. Y esto, no porque sea un superhombre ni mucho menos; sino que la vida es una sola y hay que aprovecharla al máximo con la certeza de que aún frente a la adversidad, siempre existen motivos para seguir adelante.

Todos tenemos una historia que contar, y seguramente tú tienes la tuya. Por eso, quiero invitarte a compartir tu propia historia en forma de canción o verso en el capítulo "La canción de tu vida". La historia seleccionada será elegida entre muchas otras para ser publicada en nuestro sitio web.

Espero que este libro sea de inspiración y guía para tu vida y la de otros. Recuerda: "Nada es imposible. Absolutamente nada". "No hay camino sin salida", como dice una de mis canciones. Y si logras creer esta verdad, "todo te será posible". No es una frase mágica, se trata de una cuestión de actitud, al mirar la vida y enfrentarla cada día.

El secreto está en no depender de otras personas y tomarse de la mano de aquellos que anhelan nuestro bienestar, recordando siempre que **debes ser lo que tú quieres ser**.

Justo Lamas

prólogo

Mi dura infancia estuvo marcada por la enfermedad de mi madre y mi vergonzante tartamudez que acentuó mi timidez innata. A la posterior separación de mis padres y la pérdida física de mi madre, se le sumaron un sinfín de situaciones que bien podrían haber hecho claudicar a cualquiera.

Pero, por esas cosas de la vida, la complejidad del ser humano es tal, que hace que uno se nutra de buenas y malas experiencias con el simple objetivo de crecer. Y yo decidí abrir mi corazón para mostrarte que cualquier problema, por más terrible y doloroso que sea, tiene solución.

Si de algo estoy convencido es que no debemos aferrarnos al pasado, pues como el mismo vocablo lo señala, esas situaciones ya pasaron. Todas transcurrieron en un lapso de tiempo que no pertenece a nuestro presente. Ya no podemos hacer más nada con él. Lo que importa ahora es el hoy, porque de nuestro presente depende nuestro futuro.

Esta obra está basada en mi historia personal. En ella, encontrarás la intimidad de mi vida y mi familia. Y es mi deseo que la puedas compartir con otros que también estén atravesando momentos de angustia o confusión acerca de su futuro, su vocación o sus anhelos.

Más que una autobiografía, es un libro que te motivará e impulsará cada día a enfrentar la vida con herramientas adecuadas y útiles para obtener la victoria en cada situación y pelear por tus sueños. Por eso, hallarás en cada capítulo la sección "De mi corazón al tuyo". Toma las enseñanzas que te brindo. Subraya y medita aquello que realmente estés necesitando y ponlo en práctica.

Estas páginas están repletas de aquellas vivencias que impregnaron mi vida con un sentido de trascendencia. De seguro, te verás

⭐ A los estudiantes y jóvenes del mundo. Sin duda, ellos son el motor que me impulsa a seguir adelante, llevándoles un mensaje de esperanza y dándoles el ánimo necesario para que realmente cumplan el propósito para el cual fueron creados: ser los líderes del futuro.

⭐ Y, finalmente, también quiero agradecerte a ti, por tus aplausos, tu cariño sin condiciones, tu amor y respeto.

Que estas páginas sirvan de auténtica inspiración y motivación para que puedas creer que hay salida en cualquier situación que te encuentres, por más adversa que así parezca.

Sé un exponente real de lo que deseas en tu corazón;

SÉ LO QUE TÚ QUIERES SER...

agradecimientos

Primeramente, quiero expresar mi gratitud a Dios por haberme dado este don maravilloso que es el canto. Hoy soy testigo fehaciente de que sus promesas se cumplen. Él concede los anhelos y deseos del corazón de aquellos que le amamos.

A mi esposa, Evangelina. Su amor, ternura, sabiduría y apoyo incondicional me han acompañado durante todos estos años en mi profesión de cantante. Y, además, me ha dado dos bellos tesoros, Camila y Emanuel: mis hijos. Cada día, ellos despiertan una sonrisa en mi alma y en mi corazón.

A mi madre, por sus enseñanzas y su lucha incansable por alcanzar la felicidad. En mi corazón, guardo cada segundo vivido a su lado.

A mi padre. Siempre supo contenerme con todo su amor y consejos en momentos muy especiales de mi vida. Sus abrazos me brindaron seguridad y dieron estabilidad emocional a todo mi ser.

A mi familia. El amor de mi hermano, Juan, y de mis hermanas, Abril y Jazmín, ha sido infinito para conmigo. También le agradezco a Adriana, la esposa de mi padre. Resulta imposible poder nombrarlos a todos; sólo quiero darles las gracias por el cariño que me han brindado.

A Damián, por acompañarme en este nuevo desafío de escribir mi primer libro.

A Gisela, por sus consejos y todo el profesionalismo dedicado a este proyecto.

A mis queridos maestros de español, por dejarme entrar en sus clases todos los días a través de mis canciones. Cada uno de ellos me permitió descubrir y aprender lo que es sentir pasión por otras culturas.

SÉ
LO QUE TÚ QUIERES SER

Agradecimientos	**7**
Prólogo	**9**
Nunca dejes de soñar	**11**
Abraza tus sueños	**23**
Fe en acción	**29**
Una mirada de esperanza	**37**
Programa tu mente para el cambio	**45**
Un obstáculo no impide el éxito	**51**
Lucha por lo que amas	**59**
Tomar decisiones, la clave del éxito	**63**
Mi vida, un cheque en blanco	**69**
Vuela alto con tu imaginación anclada en tus sueños	**75**
Descubre tu propósito	**79**
La canción de tu vida	**85**
Acerca del autor	**89**

La mayoría de los productos de Casa Creación están disponibles a un precio con descuento en cantidades de mayoreo para promociones de ventas, ofertas especiales, levantar fondos y atender necesidades educativas. Para más información, escriba a Casa Creación, 600 Rinehart Road, Lake Mary, Florida, 32746; o llame al teléfono (407) 333-7117 en Estados Unidos.

Sé lo que tú quieres ser por Justo Lamas
Publicado por Casa Creación
Una compañía de Strang Communications
600 Rinehart Road
Lake Mary, Florida 32746
www.casacreacion.com

No se autoriza la reproducción de este libro ni de partes del mismo en forma alguna, ni tampoco que sea archivado en un sistema o transmitido de manera alguna ni por ningún medio –electrónico, mecánico, fotocopia, grabación u otro– sin permiso previo escrito de la casa editora, con excepción de lo previsto por las leyes de derechos de autor en los Estados Unidos de América.

Copyright © 2009 por Justo P. López
Todos los derechos reservados

Edición: Gisela Sawin
Traducción al inglés: Brad Krupsaw
Director de Diseño: Bill Johnson
Diseño: Iván Tempra (www.Arte-luz.com.ar)
Fotografía: Claudio Divella-Capasso

Library of Congress Control Number: 2009922494
ISBN: 978-1-59979-561-4

Primera edición

Impreso en los Estados Unidos de América
09 10 11 12 13 14 * 9 8 7 6 5 4 3 2 1

SÉ
LO QUE TÚ QUIERES SER